本书受 2019 年江苏省高校毕业生就业创业研究课题（项目编号 JCKT－B－2019601）资助。

U0732996

新时期高校思政协同育人机制探究

顾雁飞◎著

吉林大学出版社

·长春·

图书在版编目（ＣＩＰ）数据

新时期高校思政协同育人机制探究／顾雁飞著. --
长春：吉林大学出版社，2021. 12
ISBN 978-7-5692-9790-4

Ⅰ. ①新… Ⅱ. ①顾… Ⅲ. ①高等学校 － 思想政治教
育-教学研究-中国 Ⅳ. ①G641

中国版本图书馆 CIP 数据核字（2021）第 265352 号

书　　名　新时期高校思政协同育人机制探究
　　　　　XINSHIQI GAOXIAO SIZHENG XIETONG YUREN JIZHI TANJIU
作　　者　顾雁飞　著
策划编辑　董贵山
责任编辑　董贵山
责任校对　殷丽爽
装帧设计　王　斌
出版发行　吉林大学出版社
社　　址　长春市人民大街 4059 号
邮政编码　130021
发行电话　0431-89580028/29/21
网　　址　http://www. jlup. com. cn
电子邮箱　jldxcbs@ sina. com
印　　刷　天津和萱印刷有限公司
开　　本　787mm×1092mm　1/16
印　　张　12. 625
字　　数　226 千字
版　　次　2022 年 5 月　第 1 版
印　　次　2022 年 5 月　第 1 次
书　　号　ISBN 978-7-5692-9790-4
定　　价　72. 00 元

前　言

　　随着现代信息全球化的发展和深入，当今社会已经进入了科技与教育之间的融合时期，人才的培养归根结底还需要依靠教育的不断发展，党中央高度重视网络与教育结合后产生的突出的问题，并且加大对新兴媒体的关注。习近平总书记在讲话中多次提到互联网络和新媒体，强调要正视现在的年轻人从网络获取信息而非主流媒体这一事实。高校思想政治理论课是培养学生立德树人，培育学生形成正确的世界观、人生观、价值观的主阵地，高校要合理运用思政课这个平台，借助网络、新媒体等各种渠道的优势，培养学生形成正确的思想意识和政治意识。

　　本书第一章为绪论，主要从研究背景、思政教育概述、协同育人理论概述三方面出发。本书第二章对新时期高校思政教育进行了解读，主要从新时期思政教育的内涵、新时期思政课的功能与地位、互联网对思政教育的影响等方面出发。本书第三章为新时期高校思政协同育人的基本内涵，对于思政协同育人的目标、思政协同育人的原则、思政协同育人的特征、思政协同育人的价值进行了一定的分析。本书第四章为新时期高校思政协同育人现状，主要从思政协同育人取得的成效、思政协同育人存在的问题、思政协同育人存在问题的原因三方面展开。本章第五章是新时期高校思政协同育人发展策略及趋势，从新时期高校思政协同育人发展策略、新时期高校思政协同育人发展趋势、提升高校思政专业教师队伍综合素质水平几方面展开论述。

在撰写本书的过程中，作者得到了许多专家学者的帮助和指导，参考了大量的学术文献，在此表达真诚的感谢。由于作者水平有限，书中难免会有疏漏之处，希望广大同行及时指正。

作者

2021 年 7 月

目　录

第一章　绪论

本章主要对高校思政协同育人的研究背景、思政教育相关理论及协同育人理论进行了全面概述。

第一节　研究背景

一、高校协同育人研究背景

（一）新时期高校思想政治教育教学改革机遇

1. 信息精准度高有利于实现大学生个性化教育

国际个性化教育协会（International Personalization Education Association, IPEA）将个性化教育定义为：对被教育对象进行综合的调查和分析，充分挖掘被教育对象的潜质，并为其量身定制教育计划。传统的思想政治教育教师占主导地位，以教师的课堂讲授为主，虽然近年来教育教学在形式上有不小的创新变革，但依旧没有改变所有学生都使用一样的教材做同样的习题的现状，所有的学生都要按照，统一的标准，受到同样的待遇。这会使学生丧失自主能动性，不利于学生的素质教育，为了使学生实现个性化教育，大数据的使用使得"一人一份方案"成了可能。

（1）建立适应性学习体系

适应性学习体系是指根据知识的扩散程度，学生的心理发展，以及学生感兴趣方向而不断变革和优化的教育内容和教育方法。通过对众多教育主体采取不同教育方法的效果调查，针对不同的调查结果，根据学生的个体差异，制订不同的思想政治教育策略。在小数据时代，教师会凭借自己的主观经验和感受对学生的思想和行为做出判断，但教育主体无法做到对每一位学生都能做出准确判断；处理教育者的主观判断，小数据时代还会根据学生的试卷、回答的问题来收集学生的数据信息，但数据采集有限、分析不够全面，使得高校思想政治教育提升的有效性存在困难。大数据时代，我们可以根据学生的上网次数、浏览记录及消费情况等大量生活和学习的数据，让教育者充分了解学生，制订出适合学生的思想政治教育方案。

（2）私人订制推动技术的发展

大数据最显著的功能就是预测功能，能够对未知进行预测，但前提是采集大量的数据信息。高校思想政治教育可以利用大数据采集学生的日常信息数据，比如，去图书馆的次数、经常借阅的书籍类型以及还书状况等出入信息数据，分析出学生喜欢的书籍类型，从而为学生设计出专属于自己的推荐书单，还可以运用大数据技术对学生思政课听课与教师互动状态，以及课后作业的完成情况实时掌握动态信息数据，教师可以根据这些动态数据完善上课形式，有针对性地为教师提出教学方案，也会有针对性地为学生提供学习策略，从而提升师生互动效率，培养学生自主学习能力。

2. 信息传播突破时空界限有利于拓展思想政治教育视野

大数据时代的到来为传统的思想政治教育提供了一个全新的学习环境，提供了一个全天候的数字化世界。由于互联网的深入发展，各种数据信息已经将学生包围，成为不可或缺的生活方式。而大学生这个群体更容易接受新事物，受环境影响大，这些青年人处在数据丰富的大数据时代，能够通过大量的即时性数据信息充分调动其积极性，挖掘其内在潜力，引导学生树立正确的三观。不同以往的传统思想政治教育，如今信息的传播已然不受时间和空间的限制了，这会使大学生接收到更多更前沿的信息，从而拓展大学生的思想政治视野。

（1）数据信息突破时间限制

无论是教育者还是大学生群体，每个人的精力都是有限的，无法将过去、现在、未来的知识都进行深刻的了解和挖掘，在过去受数据处理技术的限制，如果想要学习进步，大部分的学者都会选择向其他学者请教或在图书馆查阅资料。现今只要动动手指就可以在任何有网的区域获取到你想查阅的信息，极大程度地节省了时间，如遇到需要研究的问题，还可以通过线上交流发表自己的意见，了解其他学者想法，为研究者提供更多的灵感。海量数据信息便于大学生查阅资料，增加了大学生的学习资源，从而拓展了大学生的视野。

（2）数据信息突破空间限制

传统的思想政治教育以固定的学校班级授课为主，大数据时代将班级授课和网上学习相结合，形成线上与线下的联动效应。课堂将不是大学生接受思想政治教育的唯一阵地，可以通过网络信息数据共享将大数据挖掘信息的功能引入课堂之中，将传统课堂转移至网络互动平台。增加了大学生思想政治教育信息，拓展了大学生眼界，更有利于通过线上线下的结合教育，让大学生对思想政治教育内容掌握更深刻。

除此之外，数据信息的收集不仅仅停留在国内，还包括国外的许多先进知识与经验等，足不出户就可以获取详细信息，丰富了大学生的知识储备，有利于活跃大学生的思维。大数据时代的到来，大量有价值的数据信息出现在我们面前，为思想政治教育工作提供了很多便利，不仅使大学生更加牢固自己的专业理论知识，还拓展了其他领域的能力，使大学生向全面的素质人才方向发展。

（二）高校思政协同育人背景

党中央高度重视高校思想政治教育协同育人工作，并在 2016 年 12 月召开的全国高校思想政治教育工作会议上提出：开创高等教育新局面的要求，实现全方位育人、全程育人、全员育人。同时，许多学者依据系统论和协同论等理论资源，深入研究"思想政治教育协同育人"的问题，笔耕不辍地完成大量写作。目前，学者们主要通过两方面研究高校思想政治教育协同育人，并分析其存在的问题、原因，并提出有效措施。然而，高校思想政治教育协同育人是一个复杂的系统工程，需要站在全局的角度进行系统的研究。

近些年，随着"协同"和"协同育人"的理念被广泛运用于教育领域，高校思想政治教育的系统性研究越来越受重视，高校思想政治教育协同育人也受到高度关注。高校思想政治教育协同育人不仅关系到高校人才培养目标的实现，也关系到国家"立德树人"任务的完成。因此，深化协同理念在教育领域的贯彻，促进学生的全面发展，成为高校思想政治教育研究的一个新视野。

高校思想政治教育协同育人虽取得初步成效，但效果仍不尽如人意。总体上来看，高校思想政治教育协同育人缺乏一以贯之的协同理念、完备的顶层设计、完善的制度体系和浓郁的育人环境，导致协同育人的路径得不到有效地落实，育人效果不明显。因此，进一步研究高校思想政治教育协同育人的问题，探索系统的、全方位的高校思想政治教育协同育人的路径是必要的，也是重要的。

二、国内外高校思政协同育人研究现状

（一）国外研究现状

思想政治教育是世界性教育，不同的国家以不同的方式进行思想政治教育。国外高校联合政府、家庭、企业等进行政治、道德、法治、审美教育。国外对于思想政治教育的重视和研究远远早于我国，事实证明，这些历史经验为西方国家的发展起到了巨大的推动作用。国外思想政治教育早在古罗马时期就有所研究，后经历了中世纪、文艺复兴和近代资本主义时期，历经几个世纪发展的西方国家始终重视思想政治教育的社会地位和理论研究。比如早在1847年，马克思、恩格斯在《共产主义者同盟章程》中就提出了"政治思想工作"等名称并进行论述，为后期思想政治教育的形成和发展都具有重要的意义。美国在冷战时期面临严重的经济社会危机，政府通过重视"教育"对社会产生推动和挽救作用，更加重视"德育"的占比，后来在1993年4月，美国克林顿政府又颁布了"全美教育"改革计划，强调"要恢复美国的国际竞争力，学校必须从培养人才、必须进行品格教育"，实践证明，西方国家通过颁布法律赋予学校思想政治教育政治性，不仅将教育与社会发展紧密相连，更有利于政府对学校的引导和管理。其次，在英国的历史上，思想政治教育最为突出的特点便是强调"隐性教育""将公民教育、道德教育等内容渗透和灌输"。随后到了20世纪，日本的思想政治教育在立足于本土的精神文化的基础上，吸收、借鉴儒家思想中有关"民主"的内容，进一步强化公民的集体主义责任感。而新加坡政府吸收了其他国家的民主思想，将"德育"的核心内容具体划分为"三兼顾、五强调"，即同时兼顾个人、社会、国家，强调自己国家特色并主张国家利益高于个人利益，不断更新德育内容和方式，着重强调利用榜样的影响力对公民形成潜移默化的德育影响。

在西方，由于各国有着不同的政治经济和宗教文化等各种历史因素，因此不同国家拥有不同的政党体系和制度，但是只要有党派存在，就会有对党派的管理、建设等工作。相比我国，国外政党体系较为复杂，虽各国政党的执政模式不同，但都为了国家的繁荣稳定发展，因此在众多政党建设中存在一些"共性的东西"——开展政治建设，虽然有的政党未明确使用"政治建设"的说法，但不妨碍其在实践中通过各种形式、采取多种举措开展政治建设。

国外思想政治教育协同育人研究十分重视育人主体的相互配合和育人内容的有效整合。主要表现在：美国提倡产学研协同育人，注重院校、企业、科研三方的合作；德国则重视学校与企业、理论与实践的协同育人，主要采用"双元制"的协同育人模式；日本提倡"官、产、学"合作育人模式，通过立法大力支援和规范产学合作教育。国外政府大力扶持协同教育，形成以学校为中心，企业、科研机构等围绕周围的"同心圆"。国外这些协同育人模式的提出，源于以下几个方面的研究：

（1）关于青少年道德教育的研究。目前，国外学校普遍借助多元内容和灵活形式的教育渗透，实施青少年道德教育。美国的公民教育强调非课堂教育形式的运用，积极借助心理咨询、社团活动、社会服务、民意调查、政党活动等各种载体对公民进行意识形态的灌输，如法律意识、民族观念、权利与义务意识等。近年来，英国学校在公民教育中竭力推广PSHE课程，包括个人（personal）、社会（social）、健康（health）、经济（economic）四位一体的教育内容"，旨在培养学生智力的同时，促进学生在心理、生理、社会交往、生活技能、情感态度、文化素养各个层面的协调发展。同时，英国的公民教育注重发挥家庭、学校、社会三者的作用，培养学生的社会责任、公平、民主、公民等意识。在日本，高校专门设立了较为系统的、完善的道德教育课程，并且在其他专业课、公共课的教学实践中，教师也十分注重道德教育的融入，如课程内容的设计方面突出爱国色彩，在实践中也较多运用参观历史博物馆、观看爱国电影等方式。德国对大学生的道德教育凸显"鲜明的宗教特色和个人主义色彩"，着重塑造大学生的宗教信仰、民主自由、民族精神、人权观等。尽管各国对大学生实施的思想道德教育内容在表述上有所差异，但是在本质上，这些教育内容存在深刻的相通性和一致性。

（2）关于新媒体的研究

近年来，国外很多研究学者在定义新媒体的概念时都各执一词。美国学者斯蒂夫·琼斯（Steve Jones）在编著的《新媒体百科全书》中认为新媒体在日后也会变成旧媒体，但旧媒体并不会因为旧而消失，它会在改变之后再次成为新媒体①。与之观点相契合的是美国媒体家保罗·莱文森（Paul Levinson），他强调具备互联网功能的都属于新媒体②。

（3）关于新媒体与高校思政课教学的研究

在国外，高校多运用道德教育进行思想教育。柯蒂斯·J. 邦克（Curtis J. Bonk）讲述了运用新的技术手段进行的数字图书馆、在线学习的方式，为我们的教育提供了许多丰富的学习资料，改变了我们的教育③。华莱士（Wallace）教授在《互联网心理学》中认为 Web、Twitter 等网络交流对人们的心理产生了一些影响，需要对其进行引导和教育④。

由此可见，随着网络的发展，Web、Twitter 等新媒体的普及已经对人们方方面面都产生了影响，各国已经开始重视在公民教育、道德教育的教学中融入现代技术，从而可以更好地应对新技术对教学带来的挑战。

（4）关于协同学的研究。协同学源于物理学，由赫尔曼·哈肯（Hermann Haken）创立，后应用于化学、生物学等自然科学领域，随后传播到心理学和教育学领域。协同学对教育学的启发体现在：联合对学生产生影响的各种力量，对学生进行全方位教育，提升学生全面素质和能力，培养全能型人才。

---

① 斯蒂夫·琼斯主编；熊澄宇，范红译. 新媒体百科全书 [M]. 北京：清华大学出版社. 2007.

② （美）保罗·莱文森著；何道宽译. 新新媒介 第2版 [M]. 上海：复旦大学出版社. 2014.

③ （美）柯蒂斯·邦克（Curtis J. Bonk），（新）伊莲·邱（Elaine Khoo）著. 激励和留住在线学习者的100个活动 TEC-VARIETY 应用宝典 [M]. 北京：中央广播电视大学出版社. 2016.

④ （美）Patricia Wallace 著；谢影，苟建新译. 互联网心理学 [M]. 北京：中国轻工业出版社. 2001.

（5）关于大数据教育的研究。国外主要围绕大数据教育进行了基础理论与实践应用研究，已经形成了较为完整的分析框架和内容体系。包括大数据对于教育方式、教学管理、教学决策、学情分析、反馈评价的改善，以及数字化图书馆建设的影响等方面。美国将教育作为大数据应用的基础领域之一，推进教育大数据战略与实施。

（6）关于协同创新的研究。协同创新源于协同学，国外关于协同创新的研究主要包括动因研究和模式研究。一方面，关于协同创新动因的研究。国外学者将动因研究引向企业与高校的相互协作，通过协作加速学术产出和技术专利，提高企业的创新绩效。另一方面，关于协同创新模式的研究。随着经济全球化的发展，协同创新逐渐成为国家提高自主创新能力的重要模式，最具代表性的成功模式有：美国硅谷"联合创新网络"的产学研模式；日本"技术研究组合"的官产学模式；欧洲的 EIT-KIC 产学研协同创新模式；芬兰的"信息通信技术联盟"协同创新模式等。国外协同创新经验为中国战略性新兴产业注入新鲜血液，促进中国科研机构、创新企业和高等教育的结合，为高校思想政治教育协同育人提供丰富的教育模式，并推动思想政治教育的创新。

（7）关于协同教育的研究。协同教育最早始于美国、加拿大等发达国家，并逐步运用于教育实验中，对教育改革的发展具有重大意义。美国的K12教育就是协同教育成功的典范。随着现代技术的发展，协同教育通过信息技术平台得到广泛发展，教育者将更多目光集中在教育资源的使用、资源的共享及平台的协同。思想政治教育协同育人的理念隐藏于协同教育中，以显性或隐性或显性隐性结合的方式发挥育人功能。

目前西方理论界和教育界盛行的教育模式中，与中国的"协同育人"相似的当属"校企合作教育"或称之为"产学研合作教育"，这一教育模式的研究最早源于德国19世纪末凯兴斯泰纳（Kerschensteiner）的早期劳作思想，20世纪末，美国学者研究了高校技术部门在协同育人过程中的重要意义，并强调管理要素在协同育人模式过程的重要作用。美国斯坦福大学教授亨利·埃兹科维茨（Henry Etzkowitz）在1999年出版的《大学与全球知识经济》中提出"将教学、科研、产业创新三者进行结合，构建大学

——产业界——政府三重螺旋模式"①，促进这三大主体之间的交流与协作，形成完整的官产学合作网络。还有学者曾提出科研育人是协同育人过程中的重要一环，科研活动的开展加快了知识的重新架构、信息的相互流动、资源的群体共享，永不停息的技术创造和独具一格的设计能力是推动产学研合作架构更新的关键要素。在实践模式上，美国微型学校以科技为载体，加速学校与社区的融合，将家校协同管理作为未来教育发展的重要方向。

除理论研究外，从近年西方国家及一些亚洲国家的教育趋势可以明显看出，协同育人这一理念已经逐步从官方倡导转化为生动鲜活的德育教育实践，大学愈加重视在德育教育过程中协调校方、家庭、社区、企业、社会团体等各育人主体的相互配合，挖掘课内课外、校内校外的育人资源，综合发挥课堂、实践、网络、文化各种教育介体的育人效力，德育过程中的协同特征越来越明显。由此可以看出，"协同"作为一种重要的育人理念，已经引起国外学术界和教育界的广泛关注，这些学者的研究思路和研究方法，以及高校的教育实践，为我国开展大数据时代高校思想政治工作协同育人研究提供了重要指导和参考借鉴。

（二）国内研究现状

近些年，中共中央高度重视高校思想政治教育工作，先后下发《关于加强和改进新形势下高校宣传思想工作的意见》《关于加强新形势下高校思想政治工作的意见》《关于深化教育体制机制改革的意见》等文件。这些文件着重强调高校要齐抓共管，加强思想政治教育协同育人，构建"三全"育人格局。目前，学术界关于高校思想政治教育协同育人的研究可以归纳为以下几个方面。

（1）关于思想政治教育协同的理论阐述。中国人民大学教授朱喜坤在《思想政治教育片论》一书中强调要有整体性眼光，要以系统性思维构建思想政治教育育人系统，实现思想政治教育功能的集结②。兰州大学教授王学俭在《思想政治教育整体性协同创新》论文中指出要在整体意义上理

---

① （美）亨利·埃兹科维茨（Henry Etzkowitz），　　（荷）劳埃特·雷德斯多夫（L. A. Leydesdorff）编；夏道源等译. 大学与全球知识经济 [M]. 南昌：江西教育出版社. 1999.
② 朱喜坤著. 思想政治教育片论 [M]. 北京：中国书籍出版社. 2015.

解和把握思想政治教育协同创新①。

（2）关于大数据与高校思想政治工作的研究。经文献整理发现，张茜（2017）认为"对于高校教育工作来说，大数据的运用提升了前瞻性，提供了强大的计算功能和智库支持"。张东（2019）提出"大数据在大学生思想教育中的应用，实现了从数据搜集、存储、画像分析、咨询和效果评估过程的精准供给"②。此外，刘国龙（2020）指出"大数据技术使大学生思想教育向着可量化、可视化、实证性和精准化的趋势发展"③。大数据本质是一种技术手段，在推进人类教育发展的同时，也带来了数据失真、数据伦理、数据鸿沟、数据滥用等问题。罗鑫（2017）指出"大数据使思想政治教育教学面临着信息、技术、伦理等多方面挑战"④。王海稳、汪佳佳（2017）提到"大数据不可避免带来虚假性数据的存在，影响教育的决策。此外，数据人才的匮乏也会使数据的价值不能得到有效挖掘和利用"⑤。林峰（2020）指出"数据篡改和控制、唯数据论、数据碎片化阻碍了思想政治教育资源整合和价值融合"⑥。

（3）关于高校思政课教学中新媒体运用的现状研究

根据环球网2019年发布的《高校新媒体观察报告》数据可知，高校新媒体运用已达到93%；新媒体运用分布由一线城市逐渐过渡到二、三线城市；985、211高校新媒体教学使用情况是普通本科院校的近2倍。网易新闻也在2019年发布的《高校新媒体观察报告》指出，高校新媒体的运用与东南部地区城市经济发展的水平正相关，东南地区运用率远高于西北地区。同时还具体分析了高校学生运用新媒体的情况、特点等，为更好地运用新媒体辅助教学做了铺垫。

---

① 王学俭，顾超. 思想政治教育整体性协同创新［J］. 湖北社会科学，2016（12）：174-179.

② 张东，吕杰. 精准供给：大数据时代高校思想政治教育创新［J］. 重庆邮电大学学报（社会科学版），2019，31（01）：75-81.

③ 刘国龙，余珮. 变革与重塑：大数据时代高校思想政治教育代差性研究［M］. 吉林师范大学学报（人文社会科学版），2020，48（01）：104-111.

④ 罗鑫. 大数据时代高校思想政治工作探究［J］. 改革与开放，2017（08）：57.

⑤ 王海稳，汪佳佳. 大数据时代高校网络思想政治教育创新研究［J］. 思想政治教育研究，2017，33（04）：143-146.

⑥ 林峰. 人工智能时代思想政治教育的价值定位与发展［J］. 思想理论教育，2020（01）：79-83.

除此之外，骆郁廷、孙婷婷认为思政课运用微信等多种方式开展教学，采用讲授、合作、自主学习等三种类型进行网上教学，对传统教学带来了一定的冲击①。学者陈锦宣，费再丽认为在这个新媒体时代，在高校思政课的课程教学与高校新媒体教学进行相互融合的过程中，使得我们的大学生和高校教师不再拘泥于自己思想和知识时空的界限，可以真正地做到随时随地进行思想的交流与人际沟通②。学者罗朝安认为大学生是新媒体的主要使用群体，传统讲述式的教学已经很难保证教学质量，但高校思政课教师因为种种原因并没有主动学习并运用新媒体，这就使得教学改革迟迟难以实现③。

（4）关于高校思政课教学中新媒体运用方式研究

学者冀巧英、何晓卉鼓励学生通过手机随手拍摄身边的思政事、爱国事，或用微电影的方式展现身边的思政故事，展现大学生的新面貌④。学者汪玲通过开设相应的QQ群、微信群等方式，开展辩论讨论；通过拍摄情景剧或史情播报等方式汇报成果，提升了思政的欢迎度⑤。学者赵家和认为新媒体使得思政课教师可以获取更多的教学资源，教师可以通过微信、微博、QQ等新媒体与学生在线进行思想政治教学与交流⑥。学者黄家周认为雨课堂、微课堂的出现为高校思政课提供了多样的教学手段，提高了思政课的教学效率⑦。学者王妍妮则认为新媒体可以方便思政课通过图片、声音、动画等全面、立体的方式引入社会热议的案例，增强了思政课

---

① 孙婷婷，骆郁廷. 论思想政治理论课网络教学方式的综合运用 [J]. 学校党建与思想教育，2013（22）：7-11.

② 陈锦宣，费再丽. 新媒体融入高校思想政治理论课教学的思考 [J]. 四川文理学院学报，2015，25（02）：138-142.

③ 罗朝安. 新媒体时代高校思政课教学方法的创新策略 [J]. 课程教育研究，2018（51）：78.

④ 冀巧英，何晓卉. 习近平新时代中国特色社会主义思想宣传教育的路径研究——以河北工业职业技术学院思政课教学为例 [J]. 传媒论坛，2019，2（23）：10-11.

⑤ 汪玲. 新媒体背景下提升高校思想政治理论课教学实效性探析 [J]. 中共太原市委党校学报，2020（06）：45-47.

⑥ 赵家和. 新媒体视域下高校大学生思想政治教育创新思考 [J]. 科学咨询（教育科研），2019（08）：36.

⑦ 黄家周. 新时代高校思政课教学范式改革的原则和路径探析 [J]. 广西教育学院学报，2019（05）：169-174.

的吸引力①。

除此之外，各高校也相继开展各种各样的新媒体教学，以新媒体平台为载体，创新思政课教学。如华中师大的"云课堂"、安徽师范大学路丙辉教授开通"你问我答"网站辅助课堂教学等。

（5）关于高校思政课教学中新媒体运用的效果研究

近些年来，高校思政课教学运用新媒体取得了一些成果：学者杨佳认为新媒体运用互联网可以接触到更多的教学资源，这些资源可以提升思政课的教学效果②。学者任姣丽认为新媒体可以促进新的教学模式的开发和运用，将单一的思政课教学转变为生动形象的授课方式，肯定了新媒体在思政课教学中所承担的作用。韩玉霞认为新媒体的运用使得思政课在信息化和现代化的道路上不断发展③。

当然，高校思政课教学中新媒体的运用也存在一些问题：史宏波认为新媒体的海量信息使得教育者面临更多的难题，要在众多信息中筛选有用的信息后再传授给受教育者，给思政课教师增加了教学难度。郑跃涛则认为在新媒体时代，学生不必通过课堂教学进行学习，运用新媒体便可以获得丰富的知识，传播知识的不再只有教师，这弱化了学生对教师的崇敬心里；同时有的思政课教师还未完全接受新媒体，仍停留在传统讲授式的思政课教学中④。学者李林海则辩证的认为现在的思政课教学在借用新媒体的同时，让教学失去了温度，缺失了人性⑤。学者李晓虹认为滥用新媒体技术，将教学内容生硬地搬到网络，不利于思政课教学的实际发展⑥。学者郭志勇认为新媒体的碎片化和裂变性等特点制约了思想政治教育的实

① 王妍妮. 新媒体视域下高校思政课课堂教学模式重塑 [J]. 法制博览, 2019 (21)：43-45.
② 杨佳. 新媒体环境下的高校思政课教育手段 [J]. 西部素质教育, 2019, 5 (18)：39+42.
③ 韩玉霞. 新媒体时代高校思政课信息化教学的模式探索与实践 [J]. 中国多媒体与网络教学学报 (中旬刊), 2019 (08)：145-146.
④ 郑跃涛. 新媒体视阈下思政课的挑战、机遇与改革 [J]. 未来与发展, 2019, 43 (05)：98-101+86.
⑤ 李林海. 新媒体时代高校思政课改革的三个维度 [J]. 哈尔滨学院学报, 2019, 40 (09)：115-117.
⑥ 李晓虹, 陈娟. 新媒体时代提升高职思政实践教学实效性的几个着力点 [J]. 记者观察, 2019 (33)：94-95.

效性①。

纵观近年来对高校思政课教学的研究，我们可以得知运用新媒体进行思政课教学，在一定程度上提高了思想政治教育教学的亲和力，使思政课教学朝着与时俱进的方向大步前行，但我们也必须看到，新媒体与思政课教学的融合还存在着很多不足之处，思政课运用新媒体教学要想进一步发展，就必须进行深入的融合。因此，对高校思政课教学中新媒体运用进行研究，对于提高思政课的教学效果具有深远的意义。

（6）关于高校思想政治工作协同育人的研究。高远、李明建（2016）将协同育人定义为"各育人主体在同一目标的支配下，作为其中要素在教育系统中通过协作与配合，共同对受教育者施加影响的实践活动"②。张青、张波（2017）将协同育人的意义总结为"维护高校意识形态主阵地、增强思政课实效、促进大学生成长成才"③。崔海英、曾玉梅（2018）认为"新形势下高校协同育人的主体在理念上、方式方法使用上、机制运用上'各行其是'，因而极大地制约了思想政治工作协同育人的效果"。陶思亮（2020）认为"高校辅导员在协同育人角色定位中存在职责泛化、角色失衡、疲于应付的问题"④。同时，学者们专门系统研究了应对策略，主要形成了以下观点。

其一，创新协同育人理念。闫玉、黄佳（2018）提出"高校各部门、院系、教师应当在思想上和工作中明确德才兼备、以德为先的育人理念"⑤。张驰、宋来（2020）认为"'课程思政'作为思想政治工作协同育人的关键载体和抓手之一，要坚持学术与社会两种逻辑相统一的教学理念，才能彰显课程思政的独特价值"⑥。

---

① 郭志勇. 新媒体环境下大学生思想政治教育的新路径——以高校微信公众平台为例［J］. 理论视野，2015（01）：84-86.

② 高远，李明建. 论专业课教师与思想政治教育工作者的协同育人［J］. 江苏高教，2016（03）：135-137.

③ 张青，张波. 高校思想政治教育协同育人机制研究［J］. 学校党建与思想教育，2017（23）：27-30.

④ 高远，李明建. 论专业课教师与思想政治教育工作者的协同育人［J］. 江苏高教，2016（03）：135-137.

⑤ 闫玉，黄佳. 协同效应下高校思想政治教育联动模式［J］. 思想理论教育导刊，2018（07）：135-138.

⑥ 张驰，宋来. "课程思政"升级与深化的三维向度［J］. 思想教育研究，2020（02）：93-99.

其二，加强育人主体建设。韩雪青、高静毅（2018）认为"要加强思政课教师、辅导员两大主体之间的合作，提升辅导员的职业能力"①。曲一歌（2019）提出"大学生朋辈群体也是协同育人的队伍之一，要发挥大学生党员等朋辈群体的引导作用，提升思想政治工作亲和力"②。

其三，构建协同育人模式。吴翠丽（2017）从理念、结构、资源三个方面建构了研究生思想政治工作协同育人新模式③；杨果、唐亚阳（2017）提出"线上线下思想政治工作的配合，需要处理好时空、范式、变量的关系，统筹发挥两个场域、两种手段、两类规则的协同效应"④。

（7）关于高校思想政治教育协同育人内容的研究。学者们关于高校思想政治教育协同育人内容的研究表现出多样性：从人员协同看，主要体现在思政课教师与辅导员协同育人、专业课教师与思政课教师协同育人、专业教师与思想政治教育工作者协同育人等方面。从课程协同看，主要体现在思想政治理论课与日常思想政治教育协同育人、党建工作与思想政治教育协同育人、思想政治教育与创新创业教育协同育人等方面。从平台协同上看，主要体现在校内、外协同育人、线上线下协同育人等方面。总之，学者们侧重于具体探讨两方面的协同育人。

（8）关于高校思想政治教育协同育人的路径研究。协同育人路径的研究表现在：一是以协同育人为视角谈某类高校思政教育路径。路径是从教师、家校、媒体、文化等方面分析。二是针对思想政治教育协同育人的困境提出解决路径。三是具体到某两个方面协同育人的路径探究，如专业课教师与思想政治工作者协同育人的途径探究。途径主要是从提高协同育人的认识、师资队伍的建设、育人平台的发挥等方面来构建。四是具体关于思想政治教育协同创新路径的分析。总之，关于协同育人路径的研究也是从具体的角度出发，并在一定现实困境的基础上有针对性地提出解决对策。协同育人路径研究的文献屈指可数，所以，路径研究具有极大的意义和价值。

---

① 韩雪青，高静毅. 大学生思想政治教育"主渠道"主阵地"协同育人探究 [J]. 学校党建与思想教育，2018（03）：22-24.

② 曲一歌. 大学生党建与思想政治教育协同育人论 [J]. 学校党建与思想教育，2019（16）：28-30.

③ 曲一歌. 大学生党建与思想政治教育协同育人论 [J]. 学校党建与思想教育，2019（16）：28-30.

④ 杨果，唐亚阳. 网上网下思想政治教育协同育人的三重维度 [J]. 学校党建与思想教育，2017（21）：27-29+32.

第二节　思政教育概述

一、思政教育的概念

基于学术界对其有不同的概念和定义，典型的、比较有代表性的有以下几种。

（一）早期的思想政治教育概念

早期对于思想政治教育的概念，不同的专家学者有不同的论述，普遍认为这是一种教育实践活动和社会实践活动。思想政治教育受到社会经济发展、政治制度和文化的制约和影响，是一定的阶级、政党或政治集团为了实现其不同的政治目的，用其政治思想、理论和观点，对人民群众有目的地施加影响，从而转变人们的思想，培养和塑造思想道德素质的工程。这些思想教育、政治教育和道德教育是随着不同的社会发展和时代及人类自身发展的需求而不断地发展与进步，从而对人们的行动和社会行为有一定的指导作用。不同社会形成的不同的思想道德素质，提高人们认识世界和改造世界的能力，动员人们为了当前的目标和长远的发展规划而奋斗。

（二）新时期的思想政治教育概念

关于新时期思想政治教育的定义虽然有细微的差别，但基本理解都是一致的，他们都承认思想政治教育中教育者和受教育者的关系，都是统治阶级有目的的、进行的政治性教育，只是表述方式稍有不同，语气强烈时则将之称为灌输，语气平缓时则将之称为引导。也有学者持"受政治制约的思想教育和侧重于思想理论方面的政治教育"的"交叉论"观点，引申一点的也只是强调要"遵循人们思想品德形成发展规律"。还有学者认为思想政治教育就是政治教育。

二、思政教育的特点

（一）高校思政教育者和教育工作的特点

一方面，高校思政教育理论课不仅是创新高校思政教育的一个重要环节，而且也是对社会主义主流价值观进行宣扬的主要渠道。在网络信息快速传播、多元文化思潮盛行的背景下，学生更倾向于利用网络等多种途径来对国内外的时事新闻予以关注。单靠学习课堂上灌输式思政教育理论课知识，已经无法使学生的求知欲得到满足。这不仅在很大程度上提高了对高校思政教育内容和手段的要求，而且也在很大程度上提高了对思政教育者综合能力和专业素养的要求。按照时代特点和学生实际，对教学方法进行与时俱进地的创新，更新适应新常态发展的主流价值观知识，使课堂主渠道作用得到充分发挥，并使大学生和高校教师互动的频率得到增强，将知识、娱乐、教育完美结合。提升学生对高校思政教育理论课的兴趣，同时切实加强实施素质教育，增强学生的主动性和创造性，变人力资源大国为人力资源强国。

另一方面，大学生不仅是我国现代化建设的主力军，而且也是高校思政教育工作的重点培养对象，在多元化思潮冲击的时代，在鱼龙混杂的信息面前，那些思想尚不完全成熟的大学生通常不知道该怎样树立正确的人生观、价值观、世界观。一些大学生甚至由于价值观发生严重偏离而误入歧途。这在很大程度上使高校思政教育工作变得更加困难，尤其是出现了各种各样复杂的问题，流于形式的思政教育工作已经无法适应新常态的发展，这就要提高思政教育工作者对各类新问题进行解决的应急能力和综合能力。

（二）高校思政教育对象的特点

随着互联网技术的迅猛发展，高校思政教育对象可以通过移动互联网、宽带互联网等多种渠道，对多元、广泛的外来文化价值观念和各种各样的意识形态予以接触，通过对智能手机、平板电脑加以利用，可以对各种各样的信息进行快速获取，还可以在各大论坛、微信、微博等社交平台自由地对各类图文进行发布和评论。大学生还不具备成熟的思想观念，随着网络信息传播速度的加快，大学生难免会遇上不同文化、不同观念的人群，在与他们频繁交流的过程中，不仅会对大学生产生潜移默化的影响，而且还会使大学生的政治信仰发生动摇，有些不良信息甚至会降低大学生的思想道德水平。所以，这些特征都在不同程度上增加了高校思政教育对象对思政教育实施的困难。

（三）思想政治教育目的明确

从教育对象的角度来看，大学生作为思想政治教育的接受者，直接影响我国社会主义现代化建设和中国梦的实现。要让大学生肩负起建设社会主义的重任，就必须培养优秀的大学生，就要具备优秀的文化素养、道德素养，还要拥有良好的政治素养。所以，现阶段我们已经明确知道大学生思想政治教育的目的是为国家和社会培养全面的高素质人才。进入新时代后，教育对象也发生了变化，大学生大多数是"95 后"，他们具有独特的特点，因此，对他们进行思想政治教育时，应当在开展教育活动之前，就必须树立一定的教育目标，并根据所设立的目标开展教育，培养出高素质的优秀大学生。

三、新时期思政教育的特征

（一）导向指引下的整体性与教育教学的层次性统一

导向指引性主要是针对两方面而言。一是对大学生的个人发展和如何在社会实践中发挥自身作用起到导向指引作用，包括引导学生的思想观念、精神境界朝着全面发展的方向提升，增强学生的精神力量。二是为教学实践活动提供一个客观的标准，对思想政治教育教学的改革发展方向起到指引作用，促进教学理论的创新与发展。导向指引既是促进社会和个人的全面发展的要求，也是马克思主义理论与时俱进和教育多样化发展的需要。

思想政治教育是一门兼具系统性、完整性的课程，可将各种性质类型的教育教学因素整合到教学过程中，并能引导学生把感性认知或零星的观点转化成一个整体的思想政治素质，其教学最重要的一点就是要使学生对马克思主义理论的价值立场、观点等思想的认识转化为信念，因此在教学过程中一定要重视对整体性的把握，在思想政治教育教学构建时也应体现整体性这一特征。

思想政治教学是一种思维形成的存在，由不同的要素、层次构成的一个整体结构，其变化发展集中地体现了辩证逻辑整体的运动过程，在过程中不同的要素与层次之间，整体与层次、要素之间，整体与外部事物之间都有着各种联系。思想政治教育教学作为一个学科体系的重要组成部分，必然要求通过思维形式来系统反映其包含的内容，使教育者和受教育者从中获益。思想政治教育教学体系是从本质上揭示了个体及范畴之间的运动轨迹和规律。因此，我们不能孤立地研究其具体内容，要从系统到要素和层次，从整体到局部，从全体到单一。

思想政治教育教学的层次性表现在这一教学既然是一个教育教学的整体系统，其间必然具有教育教学的局部层次。思想政治教育教学体系的划分是依据逻辑思维的组织、推演及运行规律展开的，进而形成了由起点、中心、中项、成效和终点等范畴构成的具有逻辑性和科学性，且合理有序的范畴体系。高校思想政治教育教学是围绕中心范畴，然后从起点范畴开始，经过中项范畴、成效范畴最后到达终点范畴的动态运动和发展变化的过程。这个过程动态简洁地揭示了高校思想政治教育教学体系中不同要素和层次之间的内在联系及运动变化的本质规律。思想政治教育教学的整体属性决定了其不能为孤立地反映，只有体系完整，各要素层次分明、合理有序地联系在一起，才能科学地反映思想政治教育教学的本质规律。正是由于高校思想政治教育教学的整体性特征，其结构与层次之间彼此关联、相互作用，系统与要素环节具有稳定的关联性，即其范畴体系中的各个具体范畴均有固定的位置和作用等，并且层次与层次之间也具有关联性，即指这一教学内的每一逻辑层次之间都是彼此相连的，具有逻辑规律的关系。正是由于这种系统与要素、层次与层次之间的关联性，使得这一教学体系的结构成形，并具有稳定性。关系是结构得以存在的前提，也是构成系统的基础，而只有系统内各要素间得以稳定，才能形成彼此之间稳定的关系，任何事物的整体性质都是从每一部分之间相互依存又相互制约的关系来体现的。

在思想政治教育教学体系中整体与任一层次或层次与层次之间都存在相互制约与依存的关系。思想政治教育教学不仅具有导向指引下的整体性特征，而且还具有教育教学过程中的层次性特征，从而能够把这一系列的动态行为联结为合理有序、层次结构分明的有机统一整体，从而构成体系。综上所述，思想政治教育教学具有导向指引下的整体性和教育教学的层次性的特征。

（二）绝对的科学性与相对的利益性统一

思想政治教育教学的科学性在于所概括和反映的内容，即思想政治教育教学的科学性，思想政治教育教学通过教学实践活动，使学生形成社会所需要的思想政治道德，培养学生全面发展的综合能力。马克思指出在无产阶级社会中，就是要让社会成员的能力得到充分的发挥，而思想政治教育就是遵循着这一观念展开的教学活动，以期通过教学将学生的观念得到最大化的提升。此外，思想政治教学的科学性还体现在其自身具有的客观性和规律性。

客观性和科学性构成了思想政治教育教学内容基本特点。任何历史时期和任一体制下的意识形态教育，基本都客观地反映了其内在的本质和固有的规律。它的科学性是绝对的，这一教学实践在一定的具体条件下具有相对不变性，并能保持其相对稳定性。列宁认为，辩证唯物主义强调的是要承认真理的客观性和绝对性，且真理是正确揭露客观物质的本质和规律的，因此，承认这一教学的客观性就是承认了它具有绝对性。而思想政治教育的利益性指根源于其本身具有的阶级性和意识形态性，其具体达成目标和服务的对象是由统治阶级的阶级性质和立场决定的。

四、思政实践教学

（一）思政实践教学的含义

高校思政课实践教学是相对于高校思政课理论教学的教学形式，理解高校思政课实践教学涉及以下两个关键词语：实践教学；高校思政课实践教学。

关于实践教学的概念，根据《教育大辞典》的解释：实践教学是相对于理论教学的各种教学活动的总称。陈化水指出：实践教学，就是通过各种实践活动，让学生能动地接触实际，来锻炼能力，提高觉悟，促进发展。由此看来，实践教学是和理论教学相对应的教学活动，它强调学生动手参与，是以发展学生能力为主的一种教学活动。

关于高校思政课实践教学的概念，它是实践教学的一种特殊形式，有着思政课的课程性。这也是其区别于一般的社会性实践教学的根本之处。但就思政课实践教学来看，学术界对此也一直存有分歧，主要有这样两种观点：从所涉及的范围来看，分别是狭义的思政课实践教学和广义的思政课实践教学。其中，有的学者认为：狭义的思政课实践教学是指学生走出思政课堂进行实践教学活动。例如，参观革命纪念馆、志愿服务等，它以思政课堂这一场所作为主要划分依据，强调实践教学应在思政课堂以外来开展，更像是一种场所论。学者刘建涛认为：广义的思政课实践教学是指除去理论教学之后的一切与发展学生动手动脑相关的思政课实践活动。它是相对于理论教学而言的，不仅包含思政课下的各种实践活动，同时也包括学生在思政课堂上进行的课堂讨论等实践教学活动。广义的实践教学没有场所的限定，以发展学生的各种能力为主，更像是一种功能论。

通过对相关文献资料的研读可以发现，狭义的思政课实践教学着重强调课堂外的实践教学，而忽略了思政课上的实践教学。然而，广义的思政课实践教学不仅包含课外的实践教学，而且包含课堂中的实践教学。显而易见，广义的思政课实践教学内涵更加完善。

因此，高校思政课实践教学更应该从广义上去理解，注重发挥其育人功能。总而言之，本研究认为思政课实践教学是在体现思政课程性的前提下，最具广泛性和价值引领性的教学方式。它以高校思政课教学大纲和目标为基础，让老师充当"导演"，学生充当"主演"，组织的一系列与思政课教学内容相关的实践活动。此活动以提升学生的综合素质为目标，让学生在实践活动中验证思政课上所学的基本理论，达到对基本原理的深化理解及应用，最终将其转化为自身精神世界的食粮，与此同时也可以提高学生的综合能力，培养学生的高尚情操，造就学生的良好德行，促进学生的全面发展。

（二）目前高校思政课实践教学常用类型

实践教学经过长期的发展，也逐渐形成了不同的类型。以下介绍的是按实践场所为划分标准的四种不同类型。

第一种，课堂实践教学是指学生在老师的指导下，在思政课堂中进行的各种实践活动。主要有课堂讨论、案例分析、主题辩论、观看相关的影像视频等方式。课堂实践教学虽然有耗时短、反馈及时、易组织等优点，但同时也有学生兴趣不高、参与度低下、时间和地点限制较大等局限性。

第二种，校内实践教学是指除去课堂实践教学之外，发生在学校校园里的一切实践教学活动。主要有参观校史馆、聆听专家讲座、社团活动、知识竞赛等方式。虽然校内实践教学相比课堂实践教学对时间、地点的限制较小，但是也有思政课知识指向性不够明确，学生获得感不高等问题的存在。

第三种，社会实践教学是指在校园外进行的所有与思政课相关的实践活动，主要有社会调研、志愿服务、参观红色基地等。社会实践教学的功能性较强，学生经过实践活动的洗礼，了解社情、国情、党情，激发爱国爱党的热情，养成关心社会的习惯，增强对思政课理论知识的吸收和理解，提高自身的综合能力。但社会实践教学的组织过程较为烦琐、所需时间较长，并对地点的限制性也较高。

第四种，虚拟实践教学是指以虚拟网络为载体，在思政课老师的指导下，学生充分发挥主人翁精神进行的一系列实践教学活动。它主要是通过信息技术手段建设虚拟实践教学平台，如思政课专题网站、数字化革命博物馆、红色文化体验馆、思政课手机客户端 APP、制作思政课微电影等。

第三节　协同育人理论概述

一、协同学理论

20 世纪 60 年代，德国著名物理学家赫尔曼·哈肯最早在研究物理激光现象时发现了协同效应，后来在流体运动、化学钟、螺线的研究中也发现了同类原理。他发现：相互独立的激光原子当受到来自外源的激励时，就会以无规则的方式发射波，而被激光留存下来的波会变成序参数，支配每一个受刺激的新电子，并使激光电子按它的周期产生共振以产生噪声，这就是协同效应。赫尔曼·哈肯在进一步研究的基础上于 1977 年发表了《协同学导论》。

进入 21 世纪后，安德鲁·坎贝尔（Andrew Campbell）、蒂姆·欣德尔（Tim Hindle）等人继续对协同学概念，以及协同理论进行发展和扩充。安德鲁·坎贝尔创造性地将"协同"比喻为"零成本前提下将某一部门提取的资源以直接的方式在多个部门之间运转进而创造价值的'搭便车'模式"[1]。这种模式依托资源流转实现"1+1>2"的整体发展，取得规模化效益。蒂姆·欣德尔提出"公司通过技能、资源、资产、战略、管理、运营达成协同，降低成本。"[2] 协同学理论自创立起，被广泛运用到企业管理、物理设计、建筑建造、化学实验、交通治理等行业。发展到今天，已经成为航空航天、电子信息、生物医学、物流管理、政府管理、教育等领域的重要理论指导。

协同强调通过系统内部子要素的协调、合作、沟通及系统内外部的资源整合，形成衔接有序、互动融通、协同合作、目标统一的运转系统，产

---

① 安德鲁·坎贝尔，凯瑟琳·萨姆斯·卢克斯. 战略协同 [M].（任通海，龙大伟）. 北京：机械工业出版社，2000.

② 蒂姆·欣德尔. 管理大师及其思想精髓 [M].（于晓言）. 大连：东北财经大学出版社，2009.

生系统的叠加效应，达到效果最优。从宏观层级考量，高校思想政治工作协同育人基于若干基础元素的配合和联动构成系统集合，是一种涵盖多个部分、多重要素、多个学科、多个主体的复杂工作组织形式，如果单靠高校一方必定是独木难支。这一大工程需要依赖于政府、高校、家庭、企业、社会组织等育人主体的参与，依靠多支点、多动力、多方位的组织行为建立合作关系，拓展教学、实践、网络、文化、管理、组织等各育人元素的功能。高校通过开展思想政治工作协同培育大学生，即要在深刻理解协同理论概念的前提下，运用综合性思维模式、系统论方法、整体性视角考查思想政治工作过程，将思想政治工作看作一个动态的系统，探求这一庞大系统内各大育人要素、环节、阶段的协同机理和联动规律，摸清影响要素作用发挥的控制性因素，进而采取有效措施促使各个子系统以良性互动向有序化升级，防止出现各个育人主体"各自为政"和各个环节彼此脱离的情况，促使思想政治工作系统内部形成紧密联系和有序配合，帮助整个系统在资源整合、结构优化、功能重组、系统匹配实现更为显著的突破。

二、协同育人

"协同育人"源于20世纪中叶的欧洲，是为实现高技能人才培养而产生的理念，即通过教育、科研、创新三大领域的协同发展培养人才。其中，教育是三者有效良性互动的必要前提。欧洲的"知识三角"为中国高校教育的改革提供理论视角和经验借鉴。上海教委书记虞丽娟教授在《立体化素质教育论》一书中指出：协同育人主要包括协同教育、协同管理、协同学习等论点[①]。管理学博士赵新峰则在《协同育人论》中指出："协同育人是学校教育由封闭僵化办学逐步走向合作办学、开放式办学的过程，是具有鲜明时代特点的素质教育观的现实反映。[②]"因此，协同育人既是理念也是手段，是各育人主体以人才培养为核心目标，在协作系统中共享资源，积聚能量，实现有效互动的过程。协同育人理念运用于高等教育中，将有效地提高教育水平，高效地完成教育任务。

---

① 虞丽娟著. 立体化素质教育论 [M]. 上海：上海教育出版社. 2006.
② 赵新峰著. 协同育人论 [M]. 北京：人民出版社. 2013.

三、高校思想政治教育协同育人

"高校思想政治教育协同育人"是在"协同"和"协同育人"中延伸出来的。许多学者对"高校思想政治教育协同育人"做出概念界定。在借鉴前辈们研究成果的基础上，进一步总结出：高校思想政治教育协同育人是承担思想政治教育任务的各要素在协同理念的指导下，通过发挥自身独特性，形成和谐的互动关系，构建有机衔接、稳定运行的系统路径，最终实现"立德树人"目标的过程。从高校思想政治教育协同育人的内涵中，可以看出，其作为一种新的理念和新的方式，具有以下的特征。

首先，系统性。高校思想政治教育协同育人是各个要素构成的有机整体。在协同育人过程中，各个要素协同互动，扬长避短，逐渐达到一个平衡状态，实现整体最优化发展。因此，高校思想政治教育协同育人工作的完成，需要站在全局的、整体的角度，联结各个要素，发挥整体育人功能。

其次，互动性。互动性是实现高校思想政治教育协同育人的关键。通过各要素之间有效而紧密的协作互动，充分发挥思想政治教育的功能，提高思想政治教育的实效性，实现育人目标。

最后，动态性。高校思想政治教育协同育人工作的实现不是一成不变的。各要素容易受内外环境的影响，产生一定的动态变化。因此，要正确运用绝对运动和相对静止相统一的观点，具体问题具体分析，根据实际情况的变化及时调整协同育人的方式方法，有效分析高校思想政治教育协同育人工作的开展情况。

发挥高校思想政治教育协同育人的整体性功能，需要明确各个要素的个性功能，并结合协同学中的有关理论如"涨落原理""支配原理""竞争原理"，在不同的情况下采用不同的方法发挥各个要素的功能，实现要素之间的和谐共存。

四、高校思政协同育人的理论基础

古今中外思想史上形成的一系列理论学说，为大数据时代高校思想政治工作协同育人的形成与发展做了充分的思想准备，也奠定了深厚的基础。准确把握高校思想政治工作的发展，加强研究理论指导。因此，本研究将高校思想政治工作协同育人引入大数据视域，对马克思主义和协同领域相关理论，以及中西方道德教育、合作教育、技术教育等思想资源进行选择性撷取与吸收，能为研究在理性认知的基础上破解大数据时代高校协同育人工作难题，探寻思想政治工作创新发展合理路径提供学理支撑。

（一）马克思主义的合力思想

在整个马克思关于资本主义和无产阶级革命研究，以及著作撰写的过程中，并没有明确提出过"合力"这一说法，也没有使用过"合力"这一概念。马克思在论述社会资料的生产时，指出"受分工制约的不同个人的共同活动产生了一种社会力量，即成倍增长的生产力"。在《资本论》中对此解释道："通过协作提高了个人生产力，而且是创造了一种生产力，这种生产力本身必然是集体力"①。也就是说，分工合作所产生的合力最终转化为集体力。并且在马克思看来，单个劳动者劳作力量的简单叠加与多个劳动者在同一时间共同从事同一劳动所达到的效果存在本质差异。也就是说，分工合作所创造的效果和价值是单个劳动者经过很长的劳作时间、很大的劳动强度依然很难实现的。在全社会的分工合作中，扮演着决定性作用的是"同一"，"同一"是一种社会属性，可以理解为多个劳动者之间有共同的利益需求和合作愿望。基于"同一"，不同劳动者之间才能实现有计划、有组织的协同劳动，完成生产的既定目标。如何才算是有计划？这要求不同劳动者在共同目标和共同利益的驱动下，有意识、有目的、主动性地开发利用资源，通过协调各自的工作内容、劳作时间、劳动强度，提升组织内部功能与结构的协调性、有序性和系统性，从而形成整体性的有效凝聚力和创造力。协作不仅使个人生产效率和能力有了明显提升，重要的是创造了新的生产力，改变社会整体发展方向和规模。

在 1890 年致约瑟夫·布洛赫的信中，恩格斯指出"历史是这样创造的：最终的结果总是从许多单个的意志的相互冲突中产生出来的，而其中每一个意志，又是由于许多特殊的生活条件，才成为它所成为的那样。这样就有无数互相交错的力量，有无数个力的平行四边形，由此就产生出一

① （德）卡尔·马克思；何小禾编译. 资本论 [M]. 重庆：重庆出版社. 2014.

个合力，即历史结果，而这个结果又可以看作一个作为整体的、不自觉地和不自主地起着作用的力量的产物。"① 在这里，恩格斯所说的"历史合力"指的是每一个单个的意志按照"平行四边形"规则相互交错、相互作用，融合成一个总的合力，这种合力代表着向上、进步、创新的社会发展要求，引领人类社会以螺旋式上升的规律向前推进，从而实现人类社会和历史进步。物质条件对个人意志行为具有限定性，人类只能在规定的可能性范围内进行创造社会历史的活动。但是，历史条件和物质基础的限定性是通过历史进程的个体活动所体现出来的，所以历史的进程是个人的意志及意志合力与物质条件的统一。

此外，恩格斯从历史唯物主义的观点指出，历史的发展是一个遵循一定规律的复杂过程，除经济因素外，政治、法律、哲学、文学、宗教等各种因素也决定着历史运动的形式，但归根结底还是经济运动作为必然的东西，通过无穷无尽的偶然事件向前发展。这表明经济因素居于决定性的地位，是制约合力形成最根本的力量。

马克思在物质资料生产和恩格斯在社会历史发展的分析中有关"集体力""合力"的论述和阐发，对思想政治工作协同育人具有突出的理论借鉴意义。高校思想政治工作协同育人是一个系统性的复杂工程，其中有人、物、技术、环境、空间、信息的参与和介入，并且思想政治工作系统与周围其他系统也是以相互作用、影响的方式发生着联系，产生思想政治工作合力。因此，要注重思想政治工作协同育人合力的开发，充分挖掘和利用不同层次、不同方面、不同领域、不同环节的育人资源，尤其要深刻把握工作主体、对象、介体、环体各要素之间发生相互作用的内在规律和联系，把握他们的"同一性"，使整个高校思想政治工作系统实现有效的要素整合和结构重组，促成各部分要素、各部分力量的有机互动、融合创新、协同发展，形成系统的联动效应和育人合力，致力于高校思想政治工作协同发展。

（二）贝塔朗菲的系统论

"系统"一词源于古希腊语。系统是一个有机整体，由若干要素构成

① 马克思，恩格斯著；中共中央马克思恩格斯列宁斯大林著作编译局译. 马克思恩格斯全集第37卷［M］. 北京：人民出版社. 1971.

并形成一定的结构，同时具有某种功能。1932 年，生物学家贝塔朗菲（Bertalanfly）提出系统论思想，并不断将其发展为一门学科。整体观念是系统论的基本思想。系统论把研究对象看作一个整体，分析其结构、行为、特点及整体各要素的关系，具有目的性、整体性、相关性等基本属性。系统论的核心思想和基本方法为各个学科的发展提供理论和方法支持。

高校思想政治教育协同育人作为一个系统，主要研究思想政治教育各要素的协同互动，在整体上把握思想政治教育协同育人的整体性、动态平衡性等。思想政治教育协同育人的系统分析，符合思想政治教育的发展规律，符合人才培养的目标。

（三）马克思主义的人学理论

综观马克思一生浩瀚的理论学说成就，围绕"人"研究而形成的人学理论构成了其中最核心、最关键的部分。马克思以唯物史观为基础，研究了人的本质、发展、价值、需要等问题，为思想政治教育开辟了一个新的视野。关于人的本质问题，马克思做出了清晰而现实的回答，"人的本质在其现实性上，是一切社会关系的总和"①。一个人不可能是虚无和固化的存在，也不可能脱离社会而独自生存，个人以现实个体存在于社会环境中，以这样或那样的方式与他人进行交往实践，从事着相互联系、相互合作的生产活动，不断创造新的社会关系网络。因此，社会关系构成了人存在的基本前提和发展的根本动力。伴随生产力的发展，社会关系不断更新，人的本质也不断地完善。关于人的发展问题，马克思强调"每个人的自由发展是一切人的自由发展的条件"，共产主义的目的就是实现人的自由全面发展。首先要把人从私有制的剥削劳动中解放出来，创造一个生产力发达、物质资料丰富、人性自由的共产主义社会。在这个社会中，每个人获得平等的社会地位和权利，拥有充分的经济自由、精神自由、道德自由，可以按自我需要和个性最大限度地发挥才能和力量，从事以个人为目的的劳动活动，实现个人在脑力、体力、物质需要、精神世界、社会关系等各个方面的最大发展。关于人如何实现个人价值这一问题，马克思强调

---

① 李慎明主编；刘国平，王立强副主编. 马克思主义国际问题基本原理上 [M]. 北京：社会科学文献出版社. 2008.

人的价值是通过他所从事的创造性的改造物质世界的现实活动中所体现出来的。正是在人发挥能动作用改造外在环境条件，并创造出新的劳动产品满足自身和社会需要的过程中，使自己的价值在对象化产品上获得新的体现和升华。人实践的过程就是个人价值得到体现的过程，人改造对象的活动就是价值创造活动。马克思认为，实践是人存在和发展的前提，人通过具体的实践活动塑造出有利于自身发展的条件和环境，获得实在的现实基础，才有了人的解放和自由发展，以及社会历史的进步。建立在实践这一观点的基础上，马克思提出人的需要不仅源于生物本能，即生存和生活的需求，还产生于人改造和创造社会的实践活动。需要不仅是人的本性，更是人们从事各种劳动实践活动的动力，从而创造出价值产品以满足各种需要。并且人的需要具有"多样性"特点，物质、精神、心理多方面的需要构成了一个复合体，促成了人类行为实践的多样性。

马克思主义人学理论对人的基本问题及社会关系的剖析，是马克思对原有人学理论进行批判思考的结果，从实践唯物主义的角度全方位地揭示了人在社会历史进程中的地位和作用。依据马克思主义人学理论的宗旨，高校思想政治工作要紧紧围绕"人"这一核心，将大学生的成长和发展置于一切工作的中心依据，尊重大学生的主体性地位和身心成长规律，重视考查社会关系和社会环境对大学生思想和行为变化的多重影响，创造良好积极的育人环境，关注大学生的个性化发展需求，引导和服务大学生成人成才。同时，思想政治工作者也要注重在实践活动中提升自我能力素养、完善人格、满足需要，实现主客体双方的自我解放和个性发展。

除此之外，思想政治工作实施主体要深刻认识到大学生群体正值成长的关键时期，具有学习、科研、实践、交友、娱乐等多方面的需要，因此要善于发挥思想政治工作的主体、环体、介体、客体要素作用，提供大学生需要的内容，促进青年大学生在道德品质、智力创造、兴趣志向、心理素质、人文素养、实践技能、自由个性全方位的成长和发展。

（四）新时代"协同育人"指导思想

协同性已是时代发展的迫切需求，因此高校思想政治工作需要整合校内、校外的各方力量，发挥育人合力，打造高校协同育人新模式。在新时代背景下，随着生产力水平的提高，教育事业在蓬勃发展的同时也面临了诸多考验和困境，尤其是大学生意识形态方面的问题较为严峻。重视大学生党建工作的开展，稳固党的坚定领导，也需要高校通过全面贯彻思想政治教育来逐步解决。因此，在协同理论及中国化马克思主义理论的指导下，应当结合时代背景，遵循以习近平同志为核心的党中央的领导，探究应对社会发展的育人新途径。

五、协同育人的实践依据

（一）意识形态教育的复杂性

从根本上来说，思政协同育人的现实推进根源于意识形态教育的极端重要性和复杂性。作为"软力量"的意识形态标志着一定的阶级和利益集团对社会形成的独立力量，实际上它更是一定社会统治阶级根本利益的折射。对于意识形态的极端重要性，马克思在其著作中有所提及，"如果从观念上来考察，那么一定的意识形式的解体足以使整个时代覆灭。"所以，意识形态工作的开展既需要从顶层设计上赋予现存政治制度以合理的思想体系，又需要通过各种方式引导社会成员认同这些思想观念，使社会成员在价值选择和行为实践各方面能自觉地遵循思想观念的指引。意识形态正是通过教育的手段才为社会成员所接受，并成为他们实践活动的内在依据和真实动机，意识形态掌握群众的过程是复杂的，它需要借助一定的价值符号去论证社会政治经济制度、社会决策及社会运行秩序的合理性，这个过程涵盖社会的方方面面。因此，意识形态教育是一项涵盖多元因素的综合议题，关键在于如何实现社会成员在行为实践、情感生成、态度倾向、价值选择、理想信念形塑等方面的内在统一，并且使以上诸多方面符合社会主流意识形态。

高校承担了意识形态教育的很大一部分任务，它也是意识形态教育的重要实施场域，整合高校诸多教育资源，形成意识形态教育育人合力需要从课程这一主要的育人载体着手，通过思想政治课程搭建起个人与社会、实践活动与思想信念体系内在转化的桥梁。以思想政治课程为载体整合教育资源，实现意识形态教育目标，需要以明晰各个学科蕴含的具体价值取向与社会主义核心价值关系为思考前提，在思想政治课程教学中为社会主流意识形态的生成创设良好的环境，以积极的思想观念引导学生在构建学科知识体系的同时形成正向的情感态度、科学的思维方式、正确的价值选择和坚定的理想信念，使学生在面对社会多元价值信息时能够自觉地倾向于符合主流意识形态要求。意识形态是一个包含政治法律思想、道德、宗教、艺术、哲学等多种形式的复杂的思想体系，这正是意识形态教育和思政协同育人在教学内容上的逻辑契合点。在学科整体架构和专业知识精准把握的同时，以思想政治课程为载体，推进思想政治教育体系的完善是当前高校进行意识形态教育的迫切需要。

（二）实现立德树人教学目标的必要性

党和国家始终把培育共产主义信念和社会主义意识形态作为教育的核心要义，高校承担了育人的职责和使命。立德树人根本任务因经历阶段性的演进，进而逐渐明晰：从新中国成立到20世纪六七十年代，教育工作主要强调对国家、中国共产党和社会主义的认同，培育爱国主义精神、社会主义觉悟和共产主义情怀，以及树立辩证唯物主义和历史唯物主义观。思政协同育人正是从充分利用和拓展课程这一教育载体的维度，寻求立德树人根本任务实现的有效路径，它突破传统思想政治教育课程载体的范畴，凝聚所有课程的力量共同推进立德树人根本任务的实现，这不但能很大程度上减少对于德育的不利因素，更抓住了德育的课程凝聚力和向心力。

爱国主义教育是国家稳定发展、历史向前推进的巨大精神力量，是一种集热爱祖国、报效祖国、忠诚于祖国的思想、意志、情感于一体的社会意识形态的体现。在新的历史时期和时代背景下，爱国主义教育依然很重要。普通高等院校的爱国主义教育主要体现在对党史、党情、国史和国情等方面的基本知识的学习，也包括民族团结和国家统一等国家安全方面的教育。习近平总书记指出，爱国主义教育就是要不断强化大学生的爱国意识，使其内心对祖国有强烈的归属感。因此，爱国主义教育不仅有利于学生自身的发展，培养了其爱国主义情怀，更是关乎国家未来的前途命运，为未来能够稳定发展扎实根基。

六、思政课协同创新理论

（一）思政课协同创新理论生成背景

伴随着中国特色社会主义进入新时代，思想政治教育逐渐呈现复杂性和综合性特征，既面临着瞬息万变复杂的外部环境，也存在着自身的断裂与碎片化现象，变革与创新成为大学生思想政治教育的现实之需与未来之要。正如习近平总书记所强调："注重系统性、整体性、协同性是全面深化改革的内在要求，也是推进改革的重要方法"①，新时代大学生思想政治教育变革也是一场深刻的改革，并且这场改革不是局部性的零敲碎打，而是整体性的系统创新。新的时代背景下，高校思想政治教育的主客体和教育环境都发生了巨大变化，想要满足新形势和新任务下的思想政治教育新需求，亟须将协同创新理念融入思想政治教育中，实现新时期大学生思想政治教育创造性转化和创新型发展。"协同创新"作为习近平新时代中国特色社会主义思想的重要内涵，是其全面深化改革的重要思路，更是其对教育事业和思想政治工作的明确要求。新时代大学生思想政治教育协同创新是深化思想政治工作改革，实现创新性发展的应有之义和必然路径。

习近平总书记高度重视新时代的"协同创新"问题，他在第四十次中央深改组会议、第十五次中央深改委会议上，反复强调"协同"理念，他指出："全面深化改革要把着力点放到加强系统集成、协同高效上来"，要"注重改革的系统性、整体性、协同性"②，要"聚焦重点问题，加强改革举措的系统集成、协同高效，打通淤点、堵点，激发整体效应"③。2014年10月25日，习近平总书记在上海浦江创新论坛开幕式致辞中，首次提出"协同创新"理念，指出要"协同创新、共享机遇"④。2019年1月21日，习近平总书记在省部级主要领导干部专题研讨班开班仪式上指出：要

---

① 2017年6月26日《中央全面深化改革领导小组第三十六次会议》
② 2018年1月23日《中央深改组第四十次会议》
③ 2020年9月1日《中央深改委第十五次会议》
④ 2014年10月25日《上海浦江创新论坛开幕式致辞》

"建设重大创新基地和创新平台，完善产学研协同创新机制"①。纵览习近平总书记关于"协同创新"的一系列重要论述，以创新谋发展，向协同要动力，以协同创新为全面深化改革破局是习近平新时代治国理政和深化改革的重要思路。具体到教育领域，习近平总书记很多重要讲话也体现了"协同创新"理念，2018 年 9 月 11 日，他在全国教育大会上指出："加快一流大学和一流学科建设，推进产学研协同创新，积极投身实施创新驱动发展战略，着重培养创新型、复合型、应用型人才。"② 2019 年 3 月 19 日，习近平总书记在全国学校思想政治理论课教师座谈会上强调："要建立党委统一领导、党政齐抓共管、有关部门各负其责、全社会协同配合的工作格局"③。习近平总书记关于教育和高校思想政治工作的一系列重要论述体现了鲜明的协同创新要求，一流大学、一流学科、思想政治工作、思政课教学改革等都要坚持在协同中创新，要充分研判新时代的时、事、势，把握好思想政治工作的时、效、度，因时而进、因事而化、因势而新。

（二）思政课协同创新内容

1. 队伍协同

高校教育主体的工作性质和职能各不相同，有的负责思政课内容的讲解，有的负责大学生日常管理，有的负责宣传、培育校园文化等。大学生思想政治教育协同创新工作不仅仅是思政课老师的责任，更是高校其他部门、学院教师、专业课教师，以及社会其他从业人员的责任。通过会议、座谈、线上、线下学习等方式将协同创新理念灌输给各个教育主体，推动高校及相关从业人员进行协同创新理念上的认同，巩固高校育人系统中思想政治教育的主体地位，将思想政治教育的育人目标贯彻到各项工作之中，进而促进党中央对于高校思想政治教育协同创新战略部署落地。通过队伍协同可以优化相互间的信息传递效果，加深沟通交流程度，降低教育活动中的沟通成本，提高协作能力。例如，让思政课教师与高校管理人员、行政人员或者专业课教师进行协同，及时进行相关的沟通工作，在学生教育管理及专业课程中引进思想政治理论思想，不仅可以使学生更好地

---

① 2019 年 1 月 21 日《省部级主要领导干部专题研讨班开班仪式》
② 2018 年 9 月 11 日《全国教育大会》
③ 2019 年 3 月 19 日《全国学校思想政治理论课教师座谈会》

掌握相关知识，还可以及时掌握学生的思想动态，增加思想政治教育的针对性。

2. 机制协同

要想推动大学生思想政治教育协同创新向上发展势必要为其提供充足的物质基础和制度保障。从思想政治教育的任务和方向出发，建立各主体之间的协同运行机制，建立各主体之间的沟通机制，最终形成多主体共同服务思想政治教育的局面。建立各主体之间保障机制，实现各教育主体之间例如经费、设备、技术、文化等资源协同，有助于实现教育效果的最大化。例如，在各部门均需举办思想政治理论活动对大学生进行思想引导时，可以各取所长，进行经费、设备、技术等资源协同，不仅可以节约教育资源和成本，还可以实现教育资源的合理利用。在对大学生进行课程安排时，通过跟其他教育主体，例如研究院所、企业联合设置必要的"理论——实践""课上——课下"的实践环节，不仅延展了课堂教学的授课范围，而且通过实践实训环节还可以提高学习效果。通过多部门共同建设网络思想政治教育网站，开展线上教学、心理咨询、文化传播等形式，教育者可以将各种与大学生思想政治教育相关的资源上传到网上，有效利用互联网的及时性与传播性，不仅可以扩大思政育人的覆盖面，还可以降低育人成本，在受教育者的信息浏览中潜移默化地完成思政育人目标，达到隐性育人的目的。

3. 平台协同

在开展育人工作时应在传统思政课的基础上，将所有与大学生相关的育人主体利用起来，调动其他育人主体教育积极性，与学校其他部门，以及其他企业、组织、社团共同建立完备的人才培养平台，完善的科学研究平台，以及完整的实践实训平台，实现全方位育人战略布局。例如，完善思想政治教育方式与方法，有效增加思想政治教育效能。高校展开思想政治教育是为了让大学生可以系统地学习一些理论知识，塑造其世界观、人生观、价值观，但是理论讲解必定是枯燥无味的，而很容易激发大学生学习时的抵触心理，如果在讲解过程中增加讲解实际应用成功案例，将重点、难点在有趣的案例分析解析中进行，将枯燥理论变趣味图片等方式，则可以激发大学生的学习兴趣，加深大学生理解。课堂教学内容是经过思政课教师通过一定时间备课凝练的，虽然理论是完整的，却缺乏即时性，无法与现行热点事件联系起来。通过课下举办讲座、沙龙等实践形式，进行热点问题的分享与讨论，不仅可以加深理论知识的理解，而且可以培养大学生对于社会热点的思考能力，实现高校思想政治教育的因事而化、因时而进、因势而新。与此同时，在进行校园文化建设时利用校园文化展板进行时政分享，美化课堂教学环境进行环体优化、宣传周边榜样、加强朋辈影响等，将课堂知识的显性灌输与校园文化中的隐性感染结合，做到"育人于无形"。

（三）协同创新的意义

1. 拓展大学生思想政治教育主体

首先，协同创新推动"人人皆可思政"格局的养成。大学生思想政治教育的展开不应仅仅依靠思想政治理论课这一单一渠道，还应将国家、社会、企业、科研院所和各学院党政领导干部、辅导员等的日常理论"滴灌"纳入思想政治教育的展开渠道。不仅要求各个教育主体坚持承担好"守好一段渠、种好责任田"的使命，还要善于将身边的资源融入对大学生的日常教育中，时刻将思想政治教育带入科学研究和社会服务的各个角落中，与高校的育人目标保持一致。

其次，协同创新需要"人人皆应思政"格局的形成。将社会中各个领域内的有效教育主体纳入思想政治教育体系中，打造适合大学生与社会接轨的、具有中国特色的教育方式和实践模式，不仅可以为高校"四为服务"做出贡献，还可以有效避免大学生因为意志力薄弱，难以抵抗网络诱惑或者社会错误引导等上当受骗，误入歧路。

2. 优化大学生思想政治教育管理体系

如何有效避免大学生陷入"拜金主义""利己主义"等不良文化陷阱，防止其出现道德滑坡、诚信缺失等行为，势必要加强对思想政治教育体系的管理工作。只有保持思想政治教育体系的正常运作，及时从思想引导、问题疏导、价值观宣传等方面对大学生思想和外部环境进行影响，才能塑造大学生正确价值观。

首先，协同创新促进高校管理满足大学生个性化需求。事物的发展过程中总会出现矛盾，信息化时代更是如此。如果面对外部环境的改变，一直坚持用原有的管理方式面对现有问题，会发现原来先进的理念和技术逐渐不再发挥作用。只有不断进行局部或者整体的创新改变，才能适应时代发展的要求。将协同创新的理念引进实际工作中，例如，将与学生线下的思想交流改为更受学生欢迎的线上沟通或者邮箱、微博交流等，将对管理方式逐步调整为符合当下大学生成长规律的新型沟通、教育方式，可以缩短教育主体与教育客体之间的距离感。

其次，协同创新促进高校管理水平不断提高。事物发展过程总是一个产生矛盾、解决矛盾的动态过程，而解决矛盾的过程就是一个自我提升的过程。高校思想政治教育管理不仅仅是对大学生的思想管理，还包含着学术研究、能力培养等在内的综合管理。目前，高校为适应开放性生存环境，正在逐步向多学科融合、多领域合作、多主体共同作用的方向发展，将协同创新思想引入大学生思想政治教育管理中，使高校管理者掌握更多的社会资源，在一个更加开放性的环境中审视自己在教育管理中存在的问题，不断提高针对大学生个性化问题的引导能力，为高校管理工作提供更多可能。

3. 打破大学生思想政治教育发展壁垒

首先，协同创新促进校内教育主体，弥补教育不足。国家在加强和改进大学生思想政治教育意见中明确指出，高校中每一个教育个体都承担着对大学生的教育责任，但因教育时的侧重点和本身接触的工作存在些许不同，因此在学生的教育管理方面会存在差异。例如，思政课教师具有丰富的专业知识，理论性基础很强，但是缺乏对大学生成长规律的有效把握；辅导员的学习背景不同，专业性存在差异，理论性基础薄弱，但是却可以准确把握大学生的成长规律。如果二者通过协同创新进行教育协同，利用各自的优势来促进队伍向上发展，增加彼此间的黏合度。在弥补各个教育主体存在的不足的同时，还可以激发教育主体内部对于教育目标实现的积极性、主动性和创新性，实现教育主体队伍向上发展，还能加强思政课教师对于大学生成长规律的了解。

其次，协同创新打破了各专业学科发展壁垒。大学相较于专业研究机构和企事业单位，属于相对松散的组织，具有"散漫有序"的运行特点。每一个专业学科的学习与研究随着理论知识的不断掌握，而跳出原有理论框架，以综合多学科研究方法进行更深层次研究的现象。迪特里希·戈德施密特（Dietrich Goldschmidt）指出，各个专业学科的研究者大多从自己专业学科目标出发，在各自的研究领域内，井然有序地进行常规的教学、科研工作。虽然呈现出专业学科发展日趋向好的趋势，但是大多数情况下，其目的都是为了维护自己专业学科的地位，而非支持新学科、跨学科的发展①。大学的人才、技术发展离不开专业学科发展，而各学科之间的互补、合作成为高校协同创新的主要立足点。采用协同创新的方式可以打破专业学科之间的发展壁垒，促进各专业学科的优势互补。

七、对协同育人还存在认识误区

随着认识的不断深入，立德树人根本任务不断深入人心，教育部门和教育工作者越来越清晰地认识到协同育人的重要性，并迫切需要科学、正确的教育理念指导。但现实中仍然存在一些协同育人理念的认识误区，亟待澄清。

（一）认为育人是"一家之事"

协同育人工作需要各方力量的有机整合。协同育人过程中，高校的作用至关重要，但协同并不仅仅是高校的职责，也与家庭和社会密不可分。

目前，普遍存在的理念认识误区，认为育人仅仅是学校的责任。协同育人主要在高校范围内实施，教师承担着教书育人的主要职责，从而忽视了家庭教育、社会教育和自我教育的重要性。如一位学生处老师在访谈中表示："很多时候学生出现思想或者心理问题时，最后发现大多与家庭有关系，父母离婚、家庭矛盾或者家庭经济危机，都影响了该学生的行为表现，但家长往往意识不到自己的教育问题，有的甚至从孩子进入大学开始就做起了'甩手掌柜'，生活费一给，其他一概不管，出现问题又来埋怨学校和老师不负责。"

一位已经从辅导员岗位转岗的老师谈道："我现在所在的部门属于学校的技术部门，服务各大实验室进行样本检测，平时我们做实验接触学生有限，不像以前要天天与学生打交道，现在参与协同育人这类工作相对比较少。"高校内部一些行政管理和后勤部门忽视对协同的关注和参与，但

---

① 范德格拉夫，Van de Graaff. 学术权力 七国高等教育管理体制比较 [M]. 杭州：浙江教育出版社. 2001.

立德树人的工作不仅是思政部门的工作，也是所有教学部门的工作。

总而言之，学校与家庭、社会的育人力量要整合起来，共同参与到高校思政协同育人教学活动当中。

（二）将协同等于各工作"做加法"

大学生思想政治教育的协同育人不同于普通学科教育或专业教育，主渠道与主阵地的协同不是简单的数学意义上的加法，而是理念上、方法上的融合创新。

目前，在协同育人实践探索中，不少学校为取得教学成果和工作业绩，将协同看作一个"筐"，什么工作都往里面装，搞出一大堆不符合实际的工作方法，使协同育人成为一个说不清道不明的"大杂烩"。回避了协同中本应该重点把握和解决的核心问题，把一些与育人、教学无关的问题也当作协同的一部分笼统处理，造成协同成本高但实际成效低，大量烦琐的形式主义会议和定期定量的报告，容易引起教师和学生的反感情绪。在访谈中问道"当前影响您参与协同育人工作的主要影响因素是什么?"问题时，部分辅导员表达了普遍存在的疑惑"我们辅导员本身就管着党团、就业、学生会、文体活动等各类事务，协同必然会包括这些内容，如果不能替我们分担，反而增加了我们的工作负担，那我们是不想看到的。"对此，我们应该认识到，各工作的叠加是协同中必不可少的一项要求，但推动主渠道、主阵地协同育人不是简单地"做加法"、扩资源的过程，而是一个补短板、强互补、同进步、提质量的过程。

（三）把协同育人当作免责的"安全区"

目前部分高校教师认为协同育人没有明确的制度和规范约束，只要自己不犯错误，完成规定的任务，履不履行协同育人的义务，既与职责范围无关，也与工作业绩无关，学校不会因此处罚或限制个人发展，从而逃避协同育人的责任和义务。

一位从事思政课教学多年的教师提到："我们现在谈'课程思政'，学校推动的力度比较大，但也引起了个别专业课老师的反感，他们觉得这些内容思政课都讲，还要占用我们的时间，学生本来消化一些理工科知识就比较吃力，这不是浪费宝贵教学时间嘛。"归根结底，这种问题还是没有从根本上理解课程思政和协同育人的内涵和要求。而在学生日常生活中，教师又会将责任推诿给辅导员，正如一位学院主管学生工作的副书记所说："曾经遇到过学生因为考试作弊被抓，处理这件事情的时候，基本就是我们辅导员在做，相关的任课老师基本不参与，只是反映一下情况。"然而协同育人并非思政专业教师和辅导员的责任，也同样是其他教师的责任。

第二章　新时期高校思政教育解读

随着我国教育事业的发展，以及网络信息技术的发展，新时期高校思想政治教育的地位日益提升。在如今各种不良网络信息泛滥的环境下，大学生作为网络用户的主力军之一，他们难免会受到此种网络信息的污染，从而其思想与社会主义主流意识形态发生偏移。也正是在这种环境下，新时期高校思想政治教育所担负的教学任务也有所变化。为此本章节主要从新时期思想政治教育的内涵、新时期高校思想政治课的功能与地位、互联网对高校思想政治课教学的影响等方面展开深入论述。

第一节　新时期思政教育的内涵

一、基本内涵

广义上的思想政治教育，指一个群体为了巩固自己的统治、维护自身利益及顾全大局发展，而对其群体内全部成员的思想意识施加影响，通过灌输符合自身阶级统治利益的思想政治观点和道德模范等，实现群体成员思想道德符合阶级统治发展要求的思想道德标准。高校思想政治教育是指高校教育者按照规定的教育机制和符合时代的教育理念，采取一定的教育手段，根据社会发展的需求和教学目标的要求，对大学生进行有计划、有目的、有组织的思想道德的教育和政治素养的培养。通俗来讲，就是对在校大学生思想意识统一地加以影响，使其形成与社会发展所需的思想道德标准相符的思想观念、道德品质，为国家未来储蓄人才。这是高校一项教育目的明确、教育内容具体的活动。当前我国高校为了达到其相应的教育成效，将理论灌输法与实践教育法进行有机融合。

（一）思想政治理论教育

高校通过思想政治理论课的课程学习来加深大学生的思想政治知识底蕴。目前而言，高校的理论灌输法不仅体现在相关的课程中，也体现在通过党组织推优及党员培养的方式进行思想政治教育。

（1）通过对团员的推优，安排学习党课知识，配合完成党内实践活动等，在思想政治教育的过程中完成团员向党员政治身份的转变；

（2）通过对党员党内知识的培训以及定期召开党内学习会议等活动，一方面考查和考核学生的思想意识和行为道德，另一方面更加强化了学生的政治素养。这种教育方式一般以非固定课程教育的形式在大学生中开展。这些理论课程中，不仅包含了马克思基本原理、方法及思想精髓的讲授，还包括对马克思主义中国化的具体内容的讲授。从目前来看，高校的理论灌输法的具体教学模式和环节包括理论的教授、学习、宣传和培训及研讨等环节，是高校开展思想政治教育最基础，也是最高效的方式。

（二）通过实践锻炼法开展教育活动

简而言之，就是通过计划合理、目的明确，引导和组织高校学生参加形式多样的、能够提升其思想意识和道德素质的社会实践性活动。在多样化的实践锻炼活动选择中，既要顾及大学生的年龄特点、性格特征、学习能力及不同年级等多方面因素，也要同时兼顾将适当的教学内容加以融入，彰显实践活动的教育性。通过实践教育活动，提升大学生的思想觉悟和认知能力，强化理论知识和内容的教育，达到理论知识内化的目的。但是，为数不多的实践活动所呈现的教育力度和成效是微乎其微的，因此高校必须长期坚持实践活动，才能使大学生在反复的实践中提升认识，并将认识内化为自身信念。

（三）提供咨询辅导

除此之外，高校思想政治教育的方式还包括咨询辅导法，该方法指教育者通过语言、文字等形式，并结合专业的科学理论和指导技巧，与受教育者进行沟通交流，对其进行思想启发和心理引导①。

（四）高校辅导员的教育

作为高校思想政治教育的重要方法之一，最主要的教育力量就是高校辅导员，高校也愈发重视其队伍的建设。辅导员是高校思想政治教育队伍的重要分支，对大学生思想政治教育工作而言肩负重任，全国高校严格按照1∶200的高校教师和大学生比例设置辅导员岗位，以确保大学生咨询辅导的质量。

（五）树立正确的道德观

道德观体现了一个人的道德意识和思想水平，马克思主义道德观主要表现为一个人在处理个人与社会集体关系，个人与他人之间的关系时所遵守的准则。人的道德观核心是个人行为在个人利益中所占比重的大小。个人所处的环境不同、社会阶级不同则会形成不同的道德观。高校思政教育工作中的思想道德修养教育也应围绕习近平新时代道德观展开。习近平新时代道德观继承了马克思主义全心全意为人民服务的基本立场，始终辩证唯物地看待问题，同时在马克思主义道德观上进行了丰富和发展，又蕴含了优秀的中华传统文化的思想。习近平新时代道德观要求大学生树立讲文明、讲诚信、知行合一的道德观，艰苦奋斗、无私奉献、为人民服务的道德观。

高校思政教育的根本宗旨是立德树人，把道德观教育贯穿于思政教育的全过程中去，对大学生进行道德观教育在高校思政教育工作中占有举足轻重的分量，接受道德观教育需要高校、社会、家庭的多方面努力，引导大学生自觉抵制个人主义、享乐主义、拜金主义，修身立德、成长成才。

（六）树立正确的世界观、人生观、价值观

高等教育的主要群体就是大学生，他们在意识形态上常常会受到各方面因素的影响。例如，经常在网络上阅览信息，通过新媒体进行交流，更愿意接受新鲜事物等，具有复杂性。大学生作为青年群体在思想上还处于

---

① 刘建涛. 高职思想政治理论课实践教学课程化构建探究［J］. 思想理论教育导刊，2013（01）：93-96.

不够成熟稳定的发展阶段，那么如何解决好大学生在思想意识形态方面遇到的问题至关重要。用什么来培养新时代的大学生，把什么内容教给大学生，体系中教育内容这一要素怎样配合高校思政教育工作中的其他要素，确保各要素协调一致、同向同行，确保思政教育建设的有效性，可以看出在体系建设中教育内容这一要素起到了支撑作用。高校思政教育的内容包括大学生普遍认可的"三观"的内容，也包括政治观和道德观，还要纳入社会主义核心价值观的内容才算完整。思政教育内容在思政教育建设中具有决定性的意义，它是思政教育系统的第一要素。

关于"三观"的教育正是思政教育中的基础理论教育，要想培养拥护党的方针政策、政治觉悟高、思想先进大学生就必须先学好基础理论知识。对高校学生开展"三观"教育，坚持马克思主义理论教育，这是引导大学生提升"三观"的根本路径，是塑造青年学生思想灵魂的基础。

（七）思想政治教育必须适应我国社会发展的客观实际

人民作为社会的主人，其本质是一切社会关系的总和。因此，个体所拥有的社会关系及社会意识等因素，不仅会对人民思想的变化发展产生影响，而且还会对其起到制约的作用。思想政治教育对于个体与群体的思想转化都要加以重视，并且要重视社会风气，以及舆论能够起到的作用。这就要求，思想政治教育出发点与立足点一定要是社会发展的实际以及人民的思想疑难问题现状，不仅应该将人民群众看成是一个整体，在相同的起点上进行教育，又应该对千差万别的人民思想疑难问题进行深入细致研究，并对其加以有效地解决。这样一来，就能够让理论与实践紧密地联系起来，让思想政治教育本身的针对性及有效性得到增强。要想能够对群众思想发展变化的规律有准确地了解与掌握，那么就只能与实际紧密贴合，做好与之相关的调查研究工作，让思想政治教育的针对性、系统性及创造性不断得到增强。

二、新时期高校思想政治教育的主要任务

（一）提高广大学生内心的满足感

首先，学生具有显著的主观能动性及自觉挑选性，在学习有关基础理

论知识的过程中，他们并不是单纯地复制所学内容，而是在对这些知识进行消化与接受，思政教育要利用社会主义核心价值观来科学地指导与引领学生，让他们产生积极向上的情绪，切实帮助广大学生树立坚定正确的理想信念，以便更好地形成良好的思维模式，进而得到心理上的认同感。

其次，由于学生在思政教育中占据主体地位，因此，他们内化的价值理念与思维模式都将体现在实际行动上。学生不是被动接受知识的客体，而是带有强烈自主意识的主人翁。思政教育要利用丰富多彩的社会实践活动，例如组织学生参加志愿者活动、文化体育活动或是知识竞技比赛等，使其在提高个人能力与实现个人价值的同时得到满足感，切实满足学生的自身需求与全面发展的需要，提高广大学生的幸福感及归属感。

最后，学生之间具有明显的差异性，他们的成长环境、喜好与性格特点等方面有着较大区别，这让学生在情感、素养、认知，以及能力等诸多方面都体现出完全不同的倾向。对此，思政教育应充分尊重学生之间的差异性，全面了解学生的潜在能力和兴趣，努力激发他们的自我优势，鼓励并支持学生自由发展，提高他们的精神境界，使其自我价值得到真正满足。

（二）教导学生形成正确的"三观"

习近平总书记一直强调："坚持立德树人，把其作为工作的中心环节"①，高校坚持立德树人的主要表现就是要提升大学生的认知和优化能力。高校想要加强思政的建设、回归立德树人，创新教育理念就是最重要的一步。首先，一定要转变教师传统的观念，鼓励多样的教育思想。高校的教育对象是大学生，要全面考虑大学生的自主性，鼓励大学生发散思维，让大学生形成独立思考的习惯；其次，要转变大学生被动接受的习惯，坚持全面发展的理念，充分挖掘出大学生的潜能；最后，要把中国传统文化与教育结合，充分发挥中国传统文化软实力。此外，在借鉴他国成功理念的过程中，不能忽略我们本土化的特点，我们不是为了复制别人的理念，而是为了创新自己的理念，要积极引导高校学生树立崇高的目标，坚定马克思主义信念的同时追求自己的理想。

---

① 2016年12月7日《全国高校思想政治工作会议》

（三）增强思政教育实践的互动性

习近平总书记曾在全国高等院校思政教育工作大会中明确指出："思政教育工作从本质上来讲其实是做人的工作，要始终围绕广大学生、关心学生，并为学生提供优质服务①。"思政教育是教师与学生双向互动的过程，彼此应在这一过程中各自扮演好自身的角色。作为教师要向学生提供高质量的教学内容，将基础理论知识进行整理，让教学内容尽可能靠近学生的日常生活，充分运用好课堂教学这一主渠道，努力提高自身的语言艺术，探寻与学生之间的契合点。教师要做好课堂教学的指引者，构建自由探讨的平台，让学生成为课堂的主角，进而达到预期的最佳课堂互动效果。在双方沟通交流时，需要注意彼此身份的平等性，积极融入情感要素，以便推动彼此进入更深层地交流，在课堂活动中构筑信赖感，得到情感认同。

此外，为了更好地开展双方深层次地交流，教师应做到实体互动与虚拟互动有效结合，拓展互动形式，加快育人过程中的生活化，让双方在实际参与中体会到愉悦感。而对于学生来说，则应增强自觉性，努力学习和内化马克思主义相关理论知识，以及思政基础理论内容，进一步巩固自身理论功底，提高个人认知水平，促进知识素养的不断提升，从而得到知识方面的能力。学生积极踊跃地参加教育活动，和教师之间进行良好互动，让教师的供给与学生的需求之间形成强大的协同，这样可以在学习知识、提高精神境界的同时，得到崭新的价值支撑力量，因此产生全新的获得感。

（四）以公民道德教育为基础的道德教育

在人格培养的关键期，大学生必须深刻认识中华民族的道德传统，充分认识社会道德建设的基础和原则，遵守公民的基本道德准则，追求崇高的道德品质，积极投身于建设社会主义的伟大事业中去，以服务人民、集体主义、诚实守信为道德准则，培养职业道德和社会公德，将道德实践活动融入日常生活，做到真正融贯于心，成为具有爱岗敬业、自强自尊自爱、热爱祖国、明礼诚信的新时代青年。

---

① 2016 年 12 月 8 日《全国高校思想政治工作会议》

三、新时期高校思想政治教育的原则

（一）坚持把好方向

新时代大学生的思想受社会关系和社会环境的影响程度不容小觑，尤其是在自媒体环境下，各种网络信息充斥在大学生周围且快速传播，各方面的因素都影响着他们正确价值观的形成，这就需要我们在发现问题时及时做好思政教育工作。

1. 加强政治认同教育

政治标准是毛泽东同志对青年一代教育的首位标准，他认为业务再好的人才，如果政治上不过关也不是合格的人才，他在不同场合多次强调过这点。大学生作为当代文化素质较强、政治素质较高的群体，是祖国未来的希望和接班人，他们对现存的政治体系是否认同不仅关系到自身素质的培养完善，也关系到整个社会的和谐稳定。现阶段，大学生政治认同最重要、最核心的一点是对中国特色社会主义道路、理论和制度的认同，并且当前整体状况还是积极良性的。但大学生思维活跃，政治敏锐性较强，在入学、就业、自身权利保障和家庭利益诉求等方面可能会对现状不满意，进而出现政治认同危机。并且，受经济全球化浪潮的影响，中国社会整体进入了信息化阶段，已逐步形成多元思想文化碰撞的格局，生活在当下信息泛滥的环境中，各种没有经过过滤和甄别的信息充斥在学生们的现实生活当中，由于大学生们对政治价值和政治规范的认知尚且不足，因而容易导致他们的政治认同与信仰会有动摇。针对这种情况，如果对大学生缺乏准确及时的教育引导，定会对个人甚至国家造成巨大损失。

所以，高校教育工作必须要结合当前国际的实际情况与时俱进，关注大学生在新形势下所处的校内外环境和所接触人际关系的变化，更准确地把握影响大学生政治认同形成变化的关键要素，创新地运用教育载体，构建与大学生身心实际相适应的思想政治教育新模式。只有把握大学生成长规律，真正了解到大学生的所思所想，找到他们容易接受的教育方式方法，才能引导学生形成政治认同，把思想政治教育做到实处并使之有效。

2. 提升思想认同意识

一种思想、理论被群众认可即可能产生巨大的力量，从而转化为人们的思想观念，对人们的行为产生实质性的影响。思想认同是深深植根于人们的头脑之中，是建立在对习近平新时代中国特色社会主义思想的理性认知和准确把握基础之上的彻底认同。但新时代下的大学生价值观多样多元，受复杂环境的影响，他们的价值观念和思想行为受到不同程度的干扰。因此，用新思想武装大学生，开展有效的思想认同教育，提升新思想的号召力、说服力、亲和力和覆盖面将成为解决这一时代课题重要的一环。

高校思政教师作为大学生成长路上的导向者，是党的相关理论的传播者，应以身示范，从学生接受教育的源头上做好深切感悟新思想的丰富内涵，科学把握其理论渊源与实践基础、历史地位与指导意义，激发学生对它的认同感，并在此基础上，教育大学生产生思想认同，自觉规范政治行为。当前新媒体传播速度快，广大青年学生获取信息的渠道多，且大学生在思维方式、价值判断和生活习惯等诸多问题上呈现出自身的特点，因此高校教师应切忌照本宣科，讲一些"假大空"的套话，善于运用贴近实际、贴近生活、贴近学生的实例去感染学生，加强学生对新思想的认同感。同时，也可以灵活运用新媒体技术，改进教育教学的方式手段，引导教育学生主动学习，接受新思想并产生亲近感，由知识的认知向内心价值的认同转变。

3. 促进情感认同融入

帮助大学生健康成长，以及为国家培养可靠的社会主义事业接班人是高校教育的职责所在。但在实际教育实践过程中，由于思政理论课与其他课程教育不同，它本身无法像其他课程一样进行客观尺度的量化评定，社会对其衡量度还不够深入完善，因而学生自己也不够重视。而我们又不能光靠对抽象理论的空洞说教和僵硬的制度约束来改变这一现象，因为对大学生进行思想政治教育是一个需要注入情感的过程，一旦获得情感认同就能根据思政教育的要求去规范约束其思想和行为。

因此，加强情感认同的整合，充分调动学生的积极情感因素，通过"情感"搭建大学生和高校教师之间的桥梁是明智之举。触动学生们内心深处最朴素、最柔软的地方，使其增强对教育内容和方式的认同度，激发同理心，必要时还可"投其所好"，让学生自觉自发地认同马克思理论及我们党的路线、方针、政策。因此，高校思政教育不应是一律共性地强制灌输和考核，应遵从学生个性化的成长规律，充分考虑每个学生的道德认知和情感需求，努力实现在心理情感方面与之产生共鸣，使学生听之可信，信之能行，行之有效。

（二）知行统一

思想政治教育教学绝对不是学习文件、材料，或者从各个有关学科拼凑起来的一个知识集合，它应当有一个自己学科体系。在这个方面，我们有优秀传统文化中的教育思想和丰富的案例，可以好好研究。我们要建设自己思想政治教育教学基本体系，建设我们共产党人自己的理学，建设我们共产党人自己的心学。思想政治教育教学就是理学、心学，这里理学是指规律之学，心学是指修养之学，围绕规律之学、修养之学，践行立德树人的职责和根本使命，来完成这个根本任务。知行统一原则就是思想政治教育教学所要追求最终目标。知行统一就是理论与实际相结合，思想政治教育教学的重点就是使学生的思想和行为在实践中达到一致，理论对实践有指导作用，实践是检验理论正确与否的唯一标准，马克思主义的认识论中明确要求我们要用理论联系实际的方法去认识客观事物，这既是对客观事物进行正确认识的原则，也是构建任何教学建构都需要遵循的原则。

行动是获得知识的动力，思想政治教育教学作为指导教学实践行动最基本的理论指南，它首先必须是正确的、科学的知识，进而又能指导教学行动的正确方向。思想政治教育教学与学生的思想行为密切相关，是培养学生的思想道德素质，使学生更好地认识社会主义主流价值观，形成社会所认同的思想政治观念，并用以指导实践，就是转变或提升学生思想的过程，这一过程只有通过学生在认知上的转变和提升才能实现，只有让学生在对正确的思想观念进行了解、学习的基础上，还坚信这一观念的真理性，并用以实践，形成知行统一，才能说达到了教学目的。知而不行，那"知"就失去其意义。对于思想政治教育教学来说，这样的教学就是失败的教学。"知"是前提，而"行"是目的，知行统一才能达到用正确的理论指导实践的目的。因此，遵循知行统一原则有助于思想政治教育教学实效性的提高与目标的达成。在研究思想政治教育教学时遵循这一原则可以在研究过程中避免教学中教条化、公式化的倾向，坚持这一原则是正确建构合理的保障，进而使其教学范畴有助于解决"知"与"不知"，"行"与"不行"的矛盾，而这样才是科学的范畴。在思想政治教育教学中，要使学生对基本理论的形成、发展的过程有基本的了解。因此，要通过对理论产生的背景进行阐述，引领学生感受理论形成、发展的过程。有了这样一个感同身受的接收过程，才能在获得知识之后有一个与"知"相一致的"行"，思想政治教育教学的构建也必须遵循知行统一的原则。

（三）注重贴近实际

思想政治教育重点是做人的工作，受家庭、学校和社会等各方面因素的影响，新时代下大学生的成长发展呈现出崭新的特点，这就要求教育者在教育过程中不能千篇一律，毫无生气，而应切实遵循大学生成长规律，时刻关注学生的思想实际和身心特点，注重人性关怀，了解学生的成长需要，并让学生从思想政治教育中有所进步，增强受教获得感。

1. 关注学生的身心特点

人的个性是独立的个体在社会实践生活中形成的区别于他人的特质，新时代大学生的显著个性主要表现为精力旺盛、个性鲜明，思维观念多样且多变。这要求我们在教育过程中应当尊重大学生成长规律，把握他们的思想实际和身心特点，拒绝千篇一律，做到因人而异，因材施教，理解尊重学生的个性差异，包容看待存在特殊情况的个体，针对不同主体的不同情形对大学生进行有区别、有分类地教育工作，为大学生个性充分自由地发展提供空间，运用学生喜欢的方式进行合理的教育，让他们真切感受到被尊重，进而培育健康、积极的人格。譬如，学校可以借助多种网络新途径整合线上线下的相关教育资源，运用各式各样的、契合学生思想实际的形式，激发青年学生强烈的思想共鸣，使其自主将所学内容内化为价值观念，外化为切实行动，提升教育效果。

2. 服务学生的成长需要

大学时期处于寻求知识、捕获真理的阶段，不仅要满足于书本上的知识，而且还要通过挖掘自身潜能和提高素质来满足社会发展的需要，才能更好地实现自己的人生价值。所以，新时代大学生的生理和心理更加成熟，主体意识逐渐增强，主体需要的层次也在逐渐提高。因此，教师要紧抓课上课下时间，尤其是氛围轻松的课下时间，多与学生接触，了解掌握他们的个性特点，格外关注他们的成长发展需求和心理感受，并在合适的教学场合中通过各种有效的形式激活教育对象的内原动力，因势利导地增强大学生的综合能力，使学生成长成才，在适应满足时代发展要求和社会进步需要的同时得到良性发展。

3. 增强学生受教获得感

获得感，是指学生在接受思想政治理论教育后产生的一种能够满足他们现实或潜在的，且能长久维持下去的满足感和成就感，是一种对自身受教育的精神状态、主观体验和情感反应的表达。就传统教学模式而言，我们在教学中往往将关注的重点放在教师讲了什么，而忽略了学生获得了什么，这就让教育有种"本末倒置"的意味了。具体表现为：许多高校的教学内容与中学政治课上有很多重复，学生觉得没有新内容；千篇一律的理论叙述和共性化教学素材使思政理论课少了些生动活泼，变得枯燥乏味；教师教学死板，授课自说自唱、学生自娱自乐的现象普遍，忽视了学生的参与和体验，容易让学生无法找到兴趣点。因此，在进行教育实践的过程中，思政工作者们应始终遵循大学生成长规律了解学生们的真实需求并关注到学生的情感体验，增强理论课程的导向性，以亲和的方式感召吸引大学生，从而让学生在经过思想政治教育熏陶后能够有满满的体验与感悟，获得感倍增，这也是高校提升思政理论课教学评价和质量的精神准则与价值追求。

（四）善于潜移默化

邓小平同志也提倡解决人的思想认识问题应真正符合人的思想变化规律，借助民主的方法、科学的理论和柔性地渗透感染说服教育群众，而不是强制压迫。所谓潜移默化的隐性思政教育，它是一种把教育内容融入环境、文化和生活当中的，能够不为教育对象所意识到的教育。引导受教育者在良好的氛围和各项活动中形成某种体验感受，并潜移默化地内化为自己思想价值观的教育形式，体现出教育目的隐蔽、教育手段间接和教育过程轻松等特征。它强调润物无声地发挥效应，能够有效降低学生反感、逆反情绪产生的可能，使其在无知觉中受到健康向上的熏陶教育。

当代大学生个性鲜明，头脑灵活，对于纯粹的理论教学、灌输教学略有排斥，而且大学生的道德情操和价值观念不是单纯通过课堂上的讲解就能获得的，而需要的是在学习和生活中循序渐进的汲取和提升。第一，从尊重当代大学生的成长规律出发，正确了解把握学生的思想现状和成长需求，运用正确的、贴近生活与实际的教育方法潜移默化地感染大学生们，实现"生活处处有思想政治理论课"，思政教育无时不有，无处不在，让部分学生摒弃思想政治理论"假大空"的观点。第二，潜移默化的思政教育具有教育目的隐藏的特性，高校可以以多姿多彩、生动活泼的形式吸引学生，合理选择新时代大学生认可的载体和方式，紧紧围绕学生的日常生活与实践活动，并把合适的生活素材融会贯通于思想政治教育内容当中，让学生在别具匠心又轻松和谐的环境氛围中受到潜移默化的教育。

（五）人本原则

1. 人本思想渊源

纵观人类发展的历史可以发现，人不仅能够创造历史，还处于不断发展的社会历史之中。围绕人的发展进行研究，一定会得出与之对应的关于人的理论。而在中国的古代社会，因为封建统治所占据的历史时期十分漫长，所以历史上与人本有关的思想几乎体现的都是封建统治阶层对广大民众的定位与判断。

《尚书·泰誓》中提到的"惟人，万物之灵"是中国古代社会中最早的与人的价值相关的记载。这一名句对人的价值进行了肯定，表现出了只有人才能创造历史，以及推动社会发展的思想。此外，《尚书·五子之歌》中也写道"民为邦本，本固邦宁"指出了对于国家来说，人民是根本和根基，只有让人民的问题能够得到良好的解决，国家才能够安宁、安定。《管子》中提到"夫霸王之所始也，以人为本"指出国家的基业要想稳定统治，首先要从以人为本开始，这是中国古代史上第一次以"以人为本"的字样出现的关于以人为本的思想。但是，这里的以人为本中的"人"从一般意义上来说指的是民，即以民为本，与我们现代意义上以人为本中的"人"还是有区别的。《孟子》中记载着"民为贵，社稷次之，君为轻"的语句，《荀子》中也提出了"君者，舟也。庶人者，水也。水则载舟，水则覆舟"，把民比喻为水，君比喻为舟，提出了舟要靠水来载的思想。这些记载都反映出了古代的学者关于民本思想的思考，同时也表现出了在中国古代封建社会的统治下，统治阶层通过民本来治理国家，从而达到他们统治的目的。

汉代的贾谊提出了"民无不为本"的主张，他指出大到国家、社稷，小到官吏，其立足的根本都应该是人民的安危。这就在理论上说明了，人民能够对社会的发展起到重要的作用，体现出了对民众的重视。贾谊的这种思想一直存在并得到发展，到了明清时代，这种思想逐渐演化成了最初的民主主义思想。在《原君》中，黄宗羲提出了"以天下为主，君为客"的语句，表达出来的思想为：人民应该是国家的主人，而君主是为人民服务的，为中国近代历史上民主思想的发展奠定了良好的基础①。

纵观中国古代史中关于人本思想的记载，不难发现，在我国古代人本思想主要是定位在民本的基础上的。古代历史中与人本相关的思想是从各家学者和各个阶层的统治者对民本的思考进行了体现，同时也是民众对自己社会定位的思考。但是这些思想都或多或少地涉及了人的问题，因此这些思想对于现今人们所倡导的以人为本的理念也具有十分重要的借鉴意义。

2. 人本原则的内涵

人本原则，顾名思义就是以人为本的原则。"人本"这个概念在中华优秀传统文化中由来已久。在高校思想政治教育中坚持人本原则实质上就是坚持以人为本的教育理念，将教育者与受教育者都放在主体的地位，将马克思主义的基本观点运用到日常教学工作中，实现教学资源、综合管理、思想指导三者的有机结合，为高校青年学子树立正确的价值观、开阔的世界观、积极的人生观引领，为今后个人的发展与国家的前进打下良好基础。

3. 坚持人本原则的必要性

坚持人本原则就是坚持贴近受教育者群体。大量社会调查均证明，现如今我国青年学生的政治素养和思想教育水平总体来说较为良好。他们在日常生活和学习中思想活跃、拥护中国共产党、热爱祖国，并在社会和学校的双重影响下，成长为对中国道路、理论、制度、文化等方面充满自信的社会中坚力量，并且坚信社会主义现代化伟大蓝图和中华民族伟大复兴

---

① （明·清）黄宗羲原著. 明夷待访录译注［M］. 长沙：岳麓书社. 2008.

的壮阔目标能够实现。可是，在西方资本主义意识形态的冲击下，我国部分大学生思想同样也面临着冲击和挑战，部分学生逐渐受到一些拜金主义和民族虚无主义的影响表现出"三见"逐渐偏离正确地轨道的现象。作为思想政治教育理论传播载体的高校如果不能够深刻认识到贴近学生生活，了解他们的思想变动历程的重要性，那就只能是被迫进行"灌输式"的填鸭教育。高校思想政治教育工作者理应深入学生群体、想学生所想、急学生所急，切身感受学生的思想需求，更进一步地与学生沟通交流，运用全新的教育教学方法来去了解学生群体的思想症结、心理诉求，将自己置身于学生的群体中去，才能在生活和学习中与他们进行更好的交流和沟通，达到教育双方的相互理解和支持。

4. 坚持人本原则的途径

（1）实现教育者与受教育者双主体地位的业内共识

首先，尊重教育者的主体地位。教师在教学中扮演了一个举足轻重的角色，虽然在大学阶段众多学生生理上已经成年，他们朝气蓬勃、勇敢上进，但与此同时他们同样也是一个意志力较为薄弱的群体，世界观、人生观、价值观还未完全扩充完整。如果没有在教师正确和合理地引导下，很容易在意识形态上产生偏差，进而对个人甚至学校和社会都产生严重的负面影响。高校思想政治教育就是要发挥出教师的引导作用，充分了解学生的成长环境及人生经历，尊重其个体的独立与个性，将理论方法逐步以学生所能接受的方式进行德育教育。其次，当然也要尊重学生作为主体之一所产生的不可忽略的作用。思政教育工作者必须让学生意识到自己的主体作用，使其产生强烈的主体意识，在日常学习和生活的交流中逐步培养起学生自觉的学习态度，真正做到心中有律，行动有规。只有在业内达成教育者与被教育者双主体地位的共识，才可以让思想教育理论不断地得到创新与发展，加强思想政治教育在现实生活中的实践作用。

（2）坚持科技背景与教育方法创新的完美融合

思想政治教育作为教育体系中极为重要的一环同样也需要跟上时代潮流，利用科学技术是对教学方法的创新与发展。先进的教育必须更注重培养能力，但是能力必须与自身知识体系结合在一起才能发挥最大效用。所以努力做到知识与能力的结合，才能在科技时代实现科技与教育的创新发展。由此可以看出，教育者一定要将自己置身于科技发展水平不断推进的历史发展进程中，做到因势而新，同时正确认识我国与西方国家之间的差异，与国际接轨，不断提升自身教育的质量与水平。在教育手段上的创新往往体现着一个学校对思想政治教育的重视程度，不断开展课外实践活动，如田野调查或红色之旅等，是让如今生活优渥的学生感受近代中国历史、体验当时的生活最直接的方式，也是历史与现代的一次跨时空连接。还有线上慕课等大量利用网络平台衍生出的全新的教育教学方法，不仅创新了思想政治教育的传播模式，也合理优化了对受教育者的考查结构。基于此，各大高校更应该积极合理地利用网络平台，对大学生进行多方引导，合理上网、文明上网，全面提高网络化时代高校学子的整体素质。

（3）加强高校立德树人教育环境的基础建设

科学文化知识与人文情怀是高校区别于其他教育传播载体的关键所在，校园文化环境无论是对教师还是对学生都会产生极为重要的影响。习近平总书记在多次讲话，以及很多场合中都强调了立德树人这个教育大环境和教育基本理念在高校思想政治教育中的重要作用，高校作为社会主义人才建设输送的主要形式，积极推进立德树人教育环境的基础建设就是坚持人本原则，发展、创新思想政治教育。首先，要把师德师风建设放在首要位置，教师不仅是专业知识的教授者，同样也是道德的传播者，师风师德建设是高校立德树人教育环境基础建设的最重要一环。这要求高校教师不仅要有高学历，还要具备高品德，只有这样才能对学生产生积极正面的影响，对整个高校环境起着至关重要的作用。其次，必须把马克思主义的指导作用放在首位，以科学性和革命性统一的马克思主义指导思想为主体，根据受教育者的需要开展丰富多彩、创新十足的校园文化活动，具体做到理论上有指导、实践中有规范。最后，要在校园网络平台中坚持宣扬立德树人理念，将高校人本原则的思想政治教育方法和观念合理植入学生群体心中，并且以自身行动积极维护校园文化环境的创建。

（4）关注学生的内在需要

现在的大学生普遍年龄在18~24岁，大部分是"95后""00后"的大学生，他们经历了青春期的迷茫后，生长阶段进入了稳定期，其表现欲、自尊心和求知欲都非常强，有了自己的人生目标和规划。他们思维活跃、眼界开阔、易于接受新生事物、创造性强，具有比较独立的主体分析判断能力。同时，他们自我意识强，在政治信仰、知识获取、择业就业、恋爱交友等方面有较强的自主性，并且有了自己的人生追求，对自我的全面发展有很多主观需要。思政教育如果不抓住学生需求，那么学生就容易受不良的社会习气所感染，会形成错误的价值观和理想信仰，导致思政教育达不到理想的效果。所以，在进行思政教育的时候，需要对学生内在的需求加以关注，要与实际、生活及学生更加的贴近，对学生的所思所想有一定的了解，并以学生内在的需求为依据，设计并开展思政教育活动，让学生能够自觉地接受思政教育，满足自身发展的需要，同时提升自身思政素养，才是学生自己所需要的真正的人性化教育。

当代大学生受网络媒体、新闻广播、微信、微博等外界信息的影响，思想观念极易受到错误思想观念的影响，教育者如若不能及时关注和掌握学生的思想动态，解决学生热切关注的问题，那么其提出的与学生有关的意见和建议就很难具有针对性，学生就会对思政教育产生厌烦心理和不信任感，认为教育是无用得。要实现思政教育中的以人为本就应该站在学生需求的角度思考问题，深入学生之中并与其进行交流，掌握学生的需求。例如，在思政理论教育课程结束后，学生对本次课程进行客观、合理地评价总结，然后教师根据学生提出的意见和建议有针对性地进行调整和改进，这样既使学生发挥主动性去积极思考和认可接受所学知识，也促使教师不断地对教学进行完善，让思政教育的实效性得到了增强。

四、新时期高校思想政治教育的目标和意义

（一）新时期高校思想政治教育的目标

思想政治教育最重要的是改变学生心中最基础的观念，树立正确的"三观"，让其从心底配合教育，接受教育的指正和影响，让学生真切地、深刻地感受到中国共产党和祖国人民对他们抱有的深切期望，让他们明白中国社会主义现代化事业的完成需要的就是新青年的奉献，只有新时代的青年人通过不懈奋斗、顽强努力、不断超越自己，中华民族的伟大复兴才会更好地实现。将热血和青春挥洒在为祖国和同胞们的美好生活而奋斗的事业中，才是青春最绚丽的挥霍方式。

要加强对在校大学生的爱国思想教育，增强他们的民族自豪感、民族

认同感、民族自尊心,以报效祖国为荣,伤害祖国利益为耻,忠诚报效祖国,为祖国社会主义事业的建设增砖添瓦。同时,根据新课程方案不断改进和调整思想道德教育课程的内容,坚持以马列主义、毛泽东思想理论为基本,坚定党的教育方针,与时俱进、解放思想,以帮助高校学生树立正确的"三观"为基础,让学生了解党史国史、共产党的基本路线和基本理论,了解我国革命历程和改革开放以来的历史和经验教训,得到文化素质和思想道德素质的均衡发展。

我国思想政治教育体系主要包括下面五个方面的目标。

(1)思想素质目标

要坚定贯彻马列主义、毛泽东思想、邓小平理论,明确辩证唯物主义的思想,树立正确的"三观",在生活中不断锻炼自己尝试运用马克思主义的方式进行思考和判断;培养集体至上的"三观",批判享乐主义和拜金主义,明确个人利益要奉献于国家利益的思想,对建设富强祖国充满信心和力量,让青春为祖国燃烧。

(2)道德素质目标

以集体利益为最高荣誉,个人利益要服从于集体利益,坚信团队合作的重要性和必要性;吃苦耐劳、勤俭节约,在生活学习工作中做到艰苦朴素;遵守法律,热爱国家,懂礼貌,讲诚信,为人团结和睦;积极进取,思想要具有正能量,用乐观豁达的心态面对生活,对于事业和学习要充满干劲,秉持着严肃认真的态度,能听取各方的意见和建议,吸取批评中的精华,努力完善自己的道德修养。

(3)政治素质目标

对于我国的国史和国情要了然于胸,对于我国传统文化的优秀之处要加以继承和发扬,不忘初心,坚持共产党领导,继承先辈的革命斗争精神和传统,坚决维护祖国统一和团结,将祖国的利益和荣誉放在心中首位。具有献身祖国、报效人民的思想觉悟,坚定拥护党的领导和国家的政策方针,做忠诚的爱国主义者。

(4)法纪素质目标

要致力于弘扬全民民主法治的风气,自发学习我国宪法,能够做到正确行使公民权利,维护公民利益,履行公民义务。要从根本上培养大学生的法律意识,教导学生做到自我约束、自我管理,能够运用法律武器做出正确的判断和决策。培养学生的勇气和承担挫折的能力，在内遵守校规校纪，在外遵守社会公德和法律法规，自觉主动帮助维护学校和社会的正常公共秩序，深刻领悟法治社会的建成需要每个人来努力，让法纪素质教育贯穿始终。

（5）心理素质目标

要培养大学生形成坚强、自爱的性格，这将有利于大学生未来的工作、事业、婚姻、家庭等，保证他们在遇到挫折时可以不丧失勇气和信心。

（二）新时期高校思想政治教育的意义

1. 把握高校思想政治教育方向

习近平总书记对意识形态的地位和任务的论述，深刻说明了党的地位稳固和国家的繁荣发展离不开强有力的意识形态。我国的意识形态实质上就是在马克思主义指导下的意识形态，并始终坚持将马克思主义作为党和国家发展的指导思想。由历史经验可以看出，马克思主义指导下的中国特色社会主义，赢得了一次次革命建设和改革的胜利，因此，我国的意识形态必须保持马克思主义的一元主导。高校是思想政治教育的重要阵地和意识形态工作的重要平台，其思想政治教育实质上是传播我国主流意识形态的一种手段和途径。因此，习近平关于意识形态的论述有利于高校在进行思想政治教育过程中坚持和强化马克思主义科学理论的学习，坚持用科学的理论引导大学生的思想意识，使大学生与社会主流意识形态保持一致，并为大学生坚定理想信念打下坚实的科学理论基础。

2. 创新高校思想政治教育理念

马克思主义理论是党和国家开展一切工作的指导思想，其内容凸显了人民群众的重要地位。习近平意识形态工作论述的内容也彰显了人民至上的价值观念，突出了意识形态工作为了人民、依靠人民的观点。

对于高校思想政治教育而言，一方面，习近平意识形态工作论述中具体说明了"以人为本"的工作和建设观点、立场，强调高校要明确思想政治教育的对象是大学生群体，要将思想政治教育理念的创新更深层次地融入教育工作当中，将教育理念的中心树立为以学生为根本，紧紧围绕学生，满足学生的发展需求的同时尽量满足其个人需求。"以生为本"的教育理念是指在教育过程中将学生的发展和切身需求当作教育的首要目标，致力于塑造学生健全的人格和正确的"三观"。

另一方面，在保证在校学生的受益主体地位的基础上，能够进一步将高校思想政治教育的服务理念显现出来，使高校牢固树立"一切为了学生，为了学生的一切"的办学思想，有利于高校思想政治教育坚持严格管理、热情服务的教育态度，更好地对大学生进行思想政治教育，达到教育的最大成效。

3. 拓展高校思想政治教育模式

一方面，习近平意识形态工作论述中的民生论述也体现在教育模式的创新。"以学生为中心"的教育理念，要求高校思想政治教育模式有相应创新，有利于促进教育模式从传统的老师讲授为主转向学生老师"双主体"的思想政治教育课堂模式。高校思想政治教育理念和教育模式的创新，也更加有利于"立德树人"根本任务的实现。

另一方面，习近平总书记在意识形态工作论述中阐述了网络成为意识形态的重要阵地，在意识形态的工作和建设中，不能忽视网络这个主战场。在新时代背景下，高校思想政治教育工作过程的影响因素也不能将网络这一环节排除在外，要求高校将思想政治教育的内容从传统的课堂、课本转向网络、媒体等"新课堂"，这样有利于高校拓展思想政治教育的方式，用更具吸引力、更易激发学生学习兴趣的方式和热点事件、素材等进行课堂导入和知识点贯穿，从而提高教育的实效性，同时要求建立相应的思想政治测评体制机制，通过网络测评或面对面沟通交流的方式，直接、迅速地掌握大学生的思想动态，能更加助益于提高思想政治教育工作的针对性和掌控力。

第二节　新时期思政课的功能与地位

一、思政课的功能

思想政治教育作为一种社会现象，一种社会实践活动，与社会系统之间存在密切的关系，具有明显的社会性。思想政治教育既受社会的制约，也对社会发挥能动作用。思想政治教育作为社会治理的重要途径，在这一背景下要充分发挥其社会性功能，彰显其社会性，实现其社会性价值。

（一）根本性社会功能

思政课教学过程就是运用马克思主义为指导，培养大学生形成马克思主义的立场、观点等，亦是培育和弘扬社会主义核心价值观的一个实践过程，这个实践过程毫无疑问需要理论的指导。这一教学基本范畴的构建状况与教学的发展状况和水平有着密不可分的关系，它是思政课教学规律的展开和体现，可以通过在对这一规律的学习掌握的基础上，更好地发挥大学生和高校教师的主观能动性，促进学生树立社会主义核心价值观的决心和自觉性，使这一价值观在教学过程中得到更好的培育与弘扬。而学生自觉树立这一价值观的成熟度与对思政课教学展开研究的广度和深度息息相关，基本范畴的研究直接影响其理论体系的构建，而学生价值观的形成与其对知识理论的认知、信念有着重要影响，学生对马克思主义理论的认知和认可度越高，其对社会主义核心价值观的认知也就越高，那价值观的培育和弘扬工作的完成度也就越高。思政课教学改革不断发展，其教学实践活动的形式和内容也越来越多元化，教学的针对性和实效性的要求不断提高，不同的基本范畴在体系中的位置和作用也会发生相应变化，所以高校本科思政课教学理论体系会随着思政课教学基本范畴的变化和发展，也在不断变化和丰富，并向着更高层次的水平发展。思政课教学基本范畴的构建方式和教学理论体系的构建方式也是相互影响的。

（二）具体性社会功能

思想政治教育功能被理解为思想政治教育的职能。陈秉公首先提出思想政治教育职能的概念并指出："思想政治教育职能包括根本性职能和具体性职能。根本社会职能包括：为政治斗争服务，为生产斗争服务，为塑造人格服务；具体性社会职能包括：灌输、转变、调节、激励。"苏振芳则认为："思想政治教育的职能包括五个方面，即灌输、转变、调节、凝聚、激励。这五个方面在某种程度上就是指思想政治教育的功能。"

（三）保障性教育功能

1. 保障大学生和高校教师顺利高效完成教学任务

思政课教学基本范畴作为指导思政课教学的最基本指导理论之一，其最重要的功能之一就是保障大学生和高校教师顺利、高效地完成思政课的教学任务。它能够使教师更加深刻地掌握这项教学实践活动的本质和规律，能够帮助学生更好地掌握教学内容，能够帮助教师达到预定的教学目标和教学要求，从而取得良好的教学效果。

思政课教学基本范畴研究是我们认识该课程教学实践活动本质与规律的基础。人们如果需要弄清楚真理，首先要知道什么是范畴，并用范畴去认识客观事物。思政课教学基本范畴本身是思政课教学领域中经过科学抽象和高度概括后的概念。

人们通过对思政课教学的基本范畴展开研究，建立正确的、科学的范畴体系，能对教学实践活动有更深层次的认识，有助于揭示研究对象的本质和规律，对大学生和高校教师顺利高效完成教学任务有重要的保障作用。

2. 保障大学生树立正确的理想信念

通过思想政治理论课教学可以使学生完整地、准确地、科学地理解和把握马克思主义的科学理论，避免了对马克思主义理论零碎的、片面的、肤浅的理解，同时也可以避免或减少某些学生用个别结论、现象代替或否定马克思主义的价值立场等。通过教师用科学的方法向学生讲授思想政治理论这一科学的内容，可以引导学生对世界观和方法论的掌握，提高其在实践中运用马克思主义的立场、观点进行分析和解决实际问题的能力，并在实际运用过程中不断加深对马克思主义理论的理解，从而牢固树立正确的理想信念。

3. 保障提高大学生的思想政治觉悟及坚定正确的政治方向

认识要达到主客观一致，需要走一条曲折的道路。范畴是通过思维逻辑对具体的现象进行抽象化，而其功能则是把抽象的概念具体化，用以指导实践，实际就体现了"抽象"的规定在思维行程中导致具体的再现。换句话说，这一教学基本范畴就是从逻辑层面展现了教学过程的系统性和整体性，从而构成教学理论的基础。思政课教学基本范畴就是对这门课程的教学实践活动及相关的理论知识进行规范的功能，它是思维从抽象上升到具体的通道，对思想政治理论课教学理论进行规范，保障大学生提高思想政治觉悟及坚定正确的政治方向。

目前，随着教学手段的不断发展，实践活动内容多样，形式各异。教学基本范畴作为教学的理性认识和基本理论单元，教学的每一环节产生、变化、发展的基础，对教学中的诸要素的位置、作用都有明确的规定，它对教学的有指导作用，是教学效果和目的达成的保障。在思政课教学开始前对教师所采用的教学方式方法也具备指导作用，基本范畴也是教学方向的重要影响因素，保证教学内容和对学生思想的引导方向是正确的，是与马克思主义所提倡的思想、政治、价值观念保持一致性，保证对大学生培养的是正确价值理念和政治方向，学生通过思政课教学范畴的研究探索，有助于更好地掌握这门课程教学的理论知识，对提高大学生的思想政治觉悟及坚定正确的政治方向有保障作用。

二、思政课的地位

（一）高校思想政治教育能培养塑造社会主义一代新人

思想政治教育作为上层建筑，它是为现代化建设服务的，是实现我国现代化的根本政治保证，也是提高经济效益的重要保证。思想政治教育能够充分调动人民群众的积极性。毫无疑问，大学生是建设我国社会主义现代化的重要力量。而大学生人才并不是天生的，而是经过后天培养的。

无论是在我国民主革命时期，还是在社会主义建设时期，我们党通过马克思列宁主义和毛泽东思想培养了一大批伟大的共产主义者和党的先进代表人物，他们为我们党和国家谱写了伟大而又光辉灿烂的篇章。

事实证明，思想政治教育能够不断地为我们培养和造就出一代又一代的共产主义新人，我们应该加强思想政治教育，继续培养和造就社会主义伟大事业的建设者和接班人。

（二）思想政治教育能培养全面发展的一代新人

人的全面发展是教育学的范畴，也是马克思主义科学理论体系的重要内容，是科学共产主义的理想目标。马克思认为，人的全面发展是指"作为目的本身的人类能力的发展。"其中，人类的能力包括认识世界和改造世界的能力，人的全面发展应该是这两种能力高度的、全面的发展。要成为全面发展的人，思想政治教育工作在其中起着重要的作用，没有思想政治教育，人不可能生下来就成为全面发展的人。而高校思想政治教育正是全面提高大学生各种素质，培养大学生成为全面发展的人才的重要阵地。

第三节　互联网对思政教育的影响

一、移动互联网

（一）移动互联网的发展趋势

移动互联网在分析过程中，一般作为网络分支进行研究，移动互联网产业飞速发展，变化之快、规模之大前所未有，作为后起之秀独占互联网鳌头。传统互联网和通信电信产业的全面转型，早已说明移动互联网普及势在必行，各种产业也开始探寻与移动互联网的连接点，移动互联网的提效将成为社会发展的新的目标。

移动互联网让更多个体真正参与到技术革新之中，感受技术带来的便利。在传统固定 PC 端互联网时期，互联网的运行者只局限于一部分群体，而一大部分人并未真正感受到互联网带来的实际变化。而在移动互联网阶段，终端不再单一，而加入更多丰富的元素，从最开始的智能手机、平板电脑、电子阅读器终端的使用，移动互联网开始逐渐渗透到个人生活当中，用户在使用移动互联网后，生活开始发生翻天覆地的变化。再到最近物联网技术的应用，移动互联网实现了物品与物品之间的连接，终端变为电视机、微波炉、手表等一切存在于生活之中的事物。此外移动互联网还实现与传统行业的融合发展，催生新的应用模式。以传统食品行业为例，生产—加工—销售作为食品从原材料到制成成品，是成为商品的必经之路，而在销售环节，加入移动互联网后，食品销售由原本的个体售卖衍生出新的模式——外卖，作为一种销售创新模式，让销售者与买家之间不必直接面对即可完成交易，在便利买家的同时降低了商家的经营成本。

共享经济模式的开发，也重构了传统产业的利益链条，同时加强各个要素与移动互联网的连接。更加人性化也是移动互联技术的一大趋势，在移动互联网下表现出更加注重用户体验的特征。移动互联网也延伸出各类不同的商业模式。新冠疫情防控期间，直播带货销售产品成为促进经济发展的主流模式。不同主体通过移动互联网，将全国各地的产品销售到不同地区的新型销售模式，成为促进疫情防控期间经济发展的主要突破口。同时，搭载移动互联网，游戏、广告、视频，通过互联网变现的能力也快速提升，更新了传统的商业模式。在移动互联网时代，大数据成为重点的价值挖掘对象，在未来的发展过程中，对大数据价值的深入挖掘，针对用户定制更加精准的个性化产品将成为流行趋势。

（二）移动互联网的主要特点

移动互联网的特征主要集中在便携性、即时性。移动互联网的便携性表现在，出门前查看手机天气预报，用手机解锁共享单车出行，等车期间点开微信查阅今日社会生活大事，中午到饭点掏出手机购买一份外卖等。尤其是在移动互联网迅速发展中，微博取代博客、微信的普及，再到移动支付、共享出行、智能家居，等等。伴随着移动互联网的广泛使用，生活已经变得更加"可移动化"，从前出门需要钥匙、钱包、身份证等，现在只需将手机带在身边即可实现多重功能。

移动互联网实现移动的功能就是对于行动的解放，便携性的特征让移动互联网可贯穿到任何事物当中，不仅仅是手机、平板，还有各类电子产品，如蓝牙耳机、智能手表、智能眼镜等都实现网络连接，移动佩戴的功能，拓展了移动互联网的应用面。

（三）移动互联网对思政教育的影响

1. 移动互联网信息碎片化的冲击

碎片化的内容存在明显弊端，这些往往是就某一目的、经过人为处理后的信息，具有某些明确的结论和答案。这就在很大程度上造成了原本繁杂、深入的思想推演过程被简化、浅化、窄化和虚化，大量、长期、重复地接收此类信息必然会弱化大学生的思辨能力。

碎片化的意识形态对于主流意识形态教育而言，百害而无一利，碎片化的信息容易被断章取义，学生在阅读过程中，或许一知半解，或许错位误读，很难直接让学生产生认同的感受，很大一部分在接收到碎片化的意识形态信息后，无法提起兴趣，选择忽略，而部分学生则容易被不良言论带跑偏，错误理解主流意识形态的真正内涵，冲击了大学生主流意识形态教育的完整度，碎片化的信息与主流意识形态教育部分内容存在形式上的矛盾冲突，大学生在理解层面存在困惑，不利于主流意识形态教育的开展。

2. 移动互联网渠道杂芜化的冲击

移动互联网的重要载体——智能手机，已成为日常生活中必不可少的一部分，手机承载了日常生活的多种功能。除了必要的功能外，智能手机更是空闲时间，大多数人首选的消磨时光的工具。智能手机也是信息交换站，连接无线网络后，可以读图，以及实时分享动态、随手拍等一系列智能功能，移动互联网可谓向人们打开了新世界的大门，开阔眼界、联通世界。

移动互联网的迅猛发展拓展了网络信息的传播渠道，信息传播的渠道由过去屈指可数的媒体到现在不可计数，仅仅用了不到十年的时间。媒体的传播分支已细化到生活的各个领域。渠道丰富的同时，也出现了渠道杂芜的问题。

部分渠道并不是非常单纯的传播信息，而是别有用心地在潜移默化中试图颠覆中国意识形态。非主流意识形态的负面渠道将主流媒体的流量分化，吸引受众的好奇心，对于价值观尚未稳定的大学生而言，颇具蛊惑性的话语让大学生难以分辨其正确性。

二、新媒体

（一）新媒体的含义

"新媒体"是对媒体发展的一次创新和改革，其范围广，内容全，内涵丰富，是媒体发展与网络技术相结合的产物，实现了人人参与到媒体中来的质的飞跃。专家宫承波认为：所谓新媒体，就是借助全新的互联网信息技术手段给用户带来多样化的信息数据资源。清华大学熊澄宇教授则认为新媒体是相比较而产生的，现在的新媒体日后也可能演变成了传统的媒体，现在的这些传统媒体之前也被人们称为是新的媒体，他认为新媒体就是指新兴的网络平台①。通过研究可以发现，我国对新媒体的相关概念的阐述多为宏观，如今，新媒体已经成为我们的生活当中的一部分，人们普遍认同新媒体是一种全新的传播媒介，它借助信息、网络和数字技术，依靠移动和网络设备，向受众传递信息，提供各式各样的生活需求及服务。

新媒体以网络信息技术和通信技术的发展为基础，快速汇集、关联、组合各种信息，以多样的表现方式传达给受众，满足多样性需求。新媒体是不断发展的媒体，是对自己的不断更新，以满足需求为己任，多元、丰富、人性化的信息内容融入受众的生活之中，受众更愿意成为信息的主人，主宰信息，使得信息在新媒体的传播效力远远高于传统媒体。新媒体是一个相对的概念，新媒体的"新"是与传统媒体相比较而言的，是对媒体的不断丰富和发展，丰富了媒体的传播渠道和方式。上海交通大学蒋宏和徐剑认为新媒体运用光纤网络和电子通信网络等数据信息，将卫星、手机和媒体信息进行多方位的互动。它既能够充分运用现代互联网中的信息数字技术，加快信息的传播速度和路径，提高传播效率；也可以是一个综合性的信息网络基库，给用户带来全面、丰富的数据体验和信息资源。由此可以得出，新媒体既可以指运用网络技术，借助移动智能终端，实现人人可以参与到媒体的产生、传播和成果共享中来；也特指以依靠网络传输为载体，以移动智能手机为终端，以受众最常见的新兴媒体软件为代表，

---

① 张虹，熊澄宇. 源流与趋向："新媒介"研究史论要 [J]. 全球传媒学刊，2019，6（01）：61-81.

可以实现及时、互动、便捷等新媒体的基本功能。

（二）新媒体的特点

匡文波教授介绍了很多新媒体所具备的特性，包括互动性、开放性、分众性、及时性还有数字化的特点①。闻敏玲则认为新媒体具有开放性和隐匿性，人人都可以参与到新媒体中来，人人都可以通过屏幕发表想法②。学者牟婉璐认为新媒体应该具有去中心、草根、即时的特点③。由此可以得出，从新媒体的含义、种类及特点中，我们可以全面地对新媒体进行了解，为思政课教学中新媒体的运用做了良好的铺垫。

随着网络的发展及手机的普及，新媒体深入我们的生活，相对于其他媒体，笔者认为新媒体以其互动性、开放性、即时性、草根性的特点在众多媒体中兴起，并越来越深入到我们的生活和学习中来。

1. 互动性

新媒体是众多媒体的融合，便于阅读与互动，信息交流不再是单纯的文字和图片，还包括音频、视频等；信息交流不再是"留言等回复"或者是机械式地发表自己的看法。各方参与其中表达对某一些信息的看法，既有官方答复，又有普通受众参与，提高了交流的互动性。以微信为例，最具代表性的便是即时沟通，不仅可以语言和文字沟通，还增加了视频、语音，受众可以通过微信"面对面"的进行互动；同时，微信还可以进行表情包的发送，用幽默的方式进行交流；微信公众号的推广，可以将自己或者官方的信息、观点等以链接的形式进行传播，方便大家随时随地进行查阅，拓宽了互动的渠道；微信近些年推出的小程序功能，简洁了众多程序并存的局面，方便了受众一键查询，其中以国务院小程序为例，受众不再需要各方寻找渠道进行表述，通过最常用的软件即可表达己意，增强了互动的便利性。综上，以微信为代表的新媒体，方便了受众可以随时随地随心进行线上互动，满足了人们对于媒体基本功能的需求。

---

① 匡文波. 到底什么是新媒体？[J]. 新闻与写作，2012（07）：24-27.

② 闻敏玲. 加强学生新媒体使用引导 实现思想政治教育模式改革 [J]. 新闻研究导刊，2019，10（17）：16-17.

③ 牟婉璐. 新媒体视域下思想政治教育话语优化探析 [D]. 东北师范大学，2017.

2. 开放性

与普通媒体相比，新媒体不再受官方和其他媒体的影响，人人都可以是信息传播的对象和主体，人人都可以成为媒体传播的中心，成为信息的主角，更可以自主进行信息选择和信息判断。以微博为例，首先是各大官方媒体入驻微博，受众不再一味地接受信息，官方也不再苦于收集各种信息，只需利用手机进行文字编辑，点击一键发送，自己的想法便可以表达出来，点赞及回复功能让有相似看法的人聚集在一起，开放式的信息表达增强了信息的传播，普通群众也可以通过微博分享自己的身边事，尤其是可以通过某个热点话题的参与，与素未谋面的网友交换观点，开放式的网络环境，自由的分享方式，让信息可以真正从受众中得来，让普通受众增强了网络的参与感，从而更愿意参与到网络生活中来。简而言之，以微博为代表的新媒体具有广泛的开放性，让受众真正地在开放的网络环境中各抒己见，体现了网络信息时代新媒体发挥的作用。

3. 即时性

新媒体同传统媒体不同，不再是今日新闻明日才见诸报端，抑或是新闻消息编辑之后才展现在受众面前，它突破了时空的界限，通过网络，借助移动电子设备，即时向受众传递信息。受众不再需要用整段时间进行信息阅读，而是可以有效地利用碎片化时间进行阅读和学习，提高了信息时效性。以微博为例，受众只需要安装微博一个软件，无须关注任何账号，时事新闻便以"热搜榜"或者"要闻榜"的形式传递给受众，既有受众喜闻乐见的娱乐新闻，也有关注社会民生的政事，榜单实时更新，使更多新闻可以迅速传递在受众之中，还通过转发和分享的方式传递给亲朋好友，大大提高了消息传播的时效性，更使受众参与到新闻的传递和传播中来。由此可见，以微博为代表的新媒体，借助电子设备，借助受众的碎片化阅读时间，将新闻信息更加有效地传播出去，体现了新媒体的即时性特点。

4. 草根性

新媒体可以实现人人参与，草根性是新媒体相较于传统媒体的特点之一。人人都可以参与融入新媒体中来，人人都有机会成为新媒体的传播主体，新媒体不再要求新闻信息传播者的学识身份和理论水平，人人平等，人人开放。以抖音短视频为例，更多普通受众参与到短视频的制作和拍摄中来，既有生活和工作中的琐事分享，也有官方信息的分享；小到洗衣做饭，大到阅兵授奖，短短几十秒可以分享很多内容。"网红"现象便是其发展的衍生物，普通受众通过拍摄、编辑、分享短视频在抖音平台，其他受众通过阅览相应视频，久而久之，有趣视频或者是受众喜爱较多的视频从中脱颖而出，其拍摄者便从普通拍摄者变为"网络红人"，增加了阅读率的同时也带来了一定的经济效益，从而带动更多的人参与到短视频的拍摄中来。可以见得，以抖音短视频为代表的新媒体，以简单的视频拍摄方式，吸引普通受众参与到其中，人人都可以从普通百姓变为家喻户晓的"网络红人"，人们从受众变为主体，吸引了更多的人参与到新媒体。由此可以得出，从新媒体的特点中，我们可以清楚地对新媒体进行全面的认知，方便我们从中获得学生关注的新闻事件和热点信息，为思政课拓宽了素材渠道的同时，也方便了思政课更好地运用新媒体技术进行教学。

（三）新媒体的分类

新媒体的种类十分广泛，从不同角度可以对新媒体进行不同的分类，中国人民大学匡文波教授就从不同角度对新媒体进行分类，从客户端方面界定将新媒体分为手机、网络和数字电视新媒体；从外延上又可以分为网络、数字和移动类等。MBA百科以媒介属性将新媒体分为社交媒体、云媒体和视频媒体等类型，笔者以此为标准对新媒体进行分类。

1. 社交媒体

社交媒体主要是以微信、微博为代表的社交软件。在当今快速的生活中，社交媒体借助移动设备和网络，可以用最短的时间，将众多的信息传达给受众。社交媒体以微、短著称，但同时方法多样，选择丰富，准入门槛低，是新媒体最典型的代表。

微信现在可以说是人人必备，是下载量最高的软件，用户最多、市场占有率最高，融合文字、语音、视频等基础社交方式，很大程度上满足了受众的社交需要。微信以人际的社会圈式传播为基础，依靠移动终端，进行信息的沟通和交流，具有便捷的属性，值得一提的是，随着微信功能的不断完善，如今的微信拓展了实用领域，使之集查找、搜索等众多生活模式于一体。

微博是新媒体发展到巅峰的重要代表，信息交流互动不再受朋友圈的局限，实时更新的微博热搜榜更是将新媒体的即时性体现得淋漓尽致。微博信息的浏览、众多受众的参与，使微博成为双向传播的典型代表，用户对信息运用的最大化和传播的流动化，冲击着传统媒体的传播方式。

在思政课教学中，以微信、微博为代表的社交新媒体，是最广泛运用的新媒体，快速、便捷的方式，多样、多类的内容拓宽了思政课教学的时空界限，丰富了内容的选择。

2. 云媒体

云媒体是云计算的引申，是指运用云计算，以互联网为基础的一种新媒体，是当今信息和数字社会发展的集大成者，它将网络信息内容多样化、互动化，使之选择便捷，更符合个人特点。云技术在思政课上最大的运用是"云课堂""雨课堂"和"云书籍"等方面。

一是"云课堂"通过购买服务将课程资源化，精品的课程让受众尤其是学生可以享受到高品质的学习内容，它突破了时间、空间的限制，将互动学习变为可能；"雨课堂"由清华大学提出，通过共同在线学习，让学生可以与更多课堂进行沟通，学习时间更灵活，更易自主进行学习；同时在预习、线下课堂中提供技术支持，丰富的课堂形式，使得学习在互动的氛围中进行。

二是"云书籍"的网络化发展。它突破了纸制发行的界限，客户端订阅、下载、阅读，一气呵成，发行方便，发行量由受众自行选择，将阅读与传播相结合，同时网络可以随时阅读与分享，增加了知识的积累和深度交流，成为沟通的新方式。学生通过网络便可以搜索到阅读书目，不必再等时间去查阅，满足了学生对知识的需求，接受度更高。

同时，云媒体还包括淘宝、京东购物、新闻客户端等广泛运用云技术而进行用户分析、推送的新媒体。云媒体是聚集、共享的网络模式，本地进行简单操作和选择，云媒体便可以运用云技术向用户提供以用户为中心和主导的信息，信息的双向验证使得云媒体在高校思政课教学中新媒体运用研究的选择更具完整性。在思政课教学中，教师根据学生的实际状况进行云课程的选择，云技术在进行分析后，推送的课程便更符合学生的实际状况，同时根据学生日常对云书籍的阅读，云媒体进行跟踪反馈，思政课教师便可以根据实际情况，了解大学生的知识需求。云媒体运用云技术，帮助思政课进行个性化选择，是当今思政课教师可以广泛运用的新媒体。

3. 视频媒体

视频新媒体是伴随着网络的普及和提速而产生的，视频媒体分为短视频和长视频两类；短视频以抖音、快手为代表，长视频主要以直播视频为主，以钉钉、腾讯直播为代表。近几年来视频新媒体快速兴起，迅速占新媒体的半壁江山。

以抖音为代表的短视频以简短为特征，十五秒的视频剪辑，就分享身边事，受众从新媒体的接受者变为使用者；抖音的出现弥补了受众对于文字和图片表达不满足状态，将日常生活视频化，观看式的交流方式更加通俗、简便，同时也让更多人参与其中，是新媒体趣味化的代表。

近些年来，各直播软件的发展，很大程度上满足了受众对于长视频的需求，较为成熟的是钉钉直播，操作简单、便捷、页面选项丰富，在疫情防控期间，钉钉直播在线上教学中发挥了重要的作用，既可以与普通人进行线上的交流，也可以进行专业性的视频交流，正规性的直播方式满足了多选择、多时空的功能。

随着网络的不断普及，近些年来，官方媒体不断入驻短视频平台，一改官方严肃的形象，更好地进行内容宣传，思政课教学中的视频内容也逐渐进入短视频中，通过学生乐于接受的方式增加了思政课的欢迎度；同时，钉钉直播的运用，使得停课不停学成为可能，也将思政课堂走进家中。

除了社交媒体、云媒体和视频媒体之外，MBA 百科中新媒体的分类还包括娱乐媒体、电视数字媒体和户外媒体等。从新媒体的分类可以看出，新媒体交互性强，个性化的媒体功能突出，信息依靠新媒体这一极具特色的介质进行传播，增强了新媒体受众的选择性，吸引了越来越多的人参与到新媒体的传播中来。从新媒体的含义、特点和分类中，可以清晰地看到新媒体的优势，思政课可以运用新媒体的这些优势丰富教学内容，拓宽教学渠道，营造更富有亲和力的思政课堂氛围。

（四）新媒体对思政教育的影响

1. 教师对新媒体的话语掌握能力不足

思政课教师在运用新媒体教学时，在网络环境中一直没有形成强大的媒体场域，也没有形成强大的话语权，导致思政课教学效果不甚理想，究其原因有以下几个方面。

一是话语权威遭到质疑。在传统媒体时代，教育者占据主导地位，依靠国家和党媒可以拥有丰富的信息来源，而新媒体时代，新媒体改变了传统大众传播的方式和环境，改变了思想政治教育在大环境下的话语权。新媒体的传播方式使得学生接受的信息和内容具有大众性和即时性等特点，在一定程度上这些内容尚未接受道德和价值的判断与选择，容易受兴趣和情绪或者是谣言的影响，许多大学生盲目接受错误的思想政治教学内容，使得思想政治教育者在教学时无法进行正确的引导，乃至对其内容进行纠正和引导时，权威解释遭到质疑。

二是话语效果降低。现如今，互联网和新媒体的大环境正在滋扰着大学生价值观的选择。在新媒体时代，信息瞬息万变，学生对未知的向往远超了思政课教学带来的内容。当今的高校思政课教学没有完全面对新媒体带来的挑战，没有能力对文化的大众化和传媒的信息化做出及时反应。网络迅速发展，信息的选择性增多，学生可以根据自身兴趣进行自由选择，西方价值观渗透，功利主义等思想对学生产生了较大的影响。随着日韩文化的影响，大学生哈韩哈日人群不在少数，对日韩及西方文化呈痴迷态势，而对我国的传统文化则表现的兴趣较低。

三是话语主体引导尚不到位。不可否认，在实际教学中，思政课教师与学生掌握的新媒体信息存在着一定的差距，学生处于获取信息的主体，而教师则处于较为被动的地位。在新媒体中，常常是一些娱乐、休闲和日常的生活占据了学生的大量时间，热播的电视剧成为学生津津乐道的话题，近几年来，虽然，学生的民族热情、爱国主义思想逐步提升，但受明星的效应影响，学生对偶像的追逐仍然超越着值得真正被铭记学习的国家英雄、民族英雄。

2. 大学生主流意识形态的认同危机

其一，一些大学生不相信官方言论和声音，轻信网络谣言。在各类新媒体中切换自由的大学生，不可避免地接触到各类网络谣言。但是，并不是所有的大学生对于网络谣言都有辨识能力，能做到"不传谣、不信谣"。在这类谣言的传播者中，就不乏一些大学生的身影。不少大学生转发这种谣言抱着"提醒家人和朋友没有坏处"的心理，却助长了谣言的泛滥和传播。大量网络谣言在新媒体环境中扩散，必然挤占主流意识形态的传播空间。

其二，一些大学生不崇尚中华民族传统美德和奋斗精神，被拜金主义、享乐主义等消极观念所左右。新媒体中到处充斥着"金钱至上"以及追求感官快乐的内容，比如"晒"的文化。如果仅仅处于交流或者放松休闲，这类发帖和看帖都无可厚非。但是对于手机不离手已经成为一种生活方式的大学生来说，这种帖子看得多了，不免就会产生一种"心向往之"的感觉，就会渴望一种"有钱""享乐"的生活，视传统美德如草芥。

三、网络教学资源应用的现实意义

（一）激发学生学习的兴趣

与传统教学教师一直主导的课堂有所区别，网络教学资源的应用使教师和学生在课堂上的角色发生了一定的变化，教师由主导者变为引导者，学生由被动的接受者变为课堂参与者。大学生尚未真正步入社会之中，再加上现今生活条件优越，因此部分学生对于革命先烈或有着高尚情操的爱国志士可以为国捐躯的情感并不能完全地感同身受，在这时可以播放疫情防控期间的感人事迹、四川凉山消防员救火的相关视频，让学生小组讨论、交流，思考问题，诸如：为什么医护人员可以挺身而出奔赴武汉、为什么来自全国各地的医疗队都义无反顾的支援，为什么各地的消防员都在第一时间冲向火海等。这样既可以激发学生的参与意识，又可以加深学生对于爱国主义这一精神内涵的深入理解，从而提高思政学科的学习兴趣。

网络教学资源中的各个学科资源，例如优秀教师课件、名师教案及时事政治素材资料等，一方面可以帮助教师更好地检视自己教学过程中存在的不足与问题，另一方面也为学生补充自己的知识漏洞提供了一个途径。首先，教师在讲授过程中由于教学任务与时间等原因，不可能顾及每一位同学。因此，网络教学资源的使用对于学生来说无疑是查漏补缺的渠道。其次，伴随着网络环境兴起的远程教学、网络直播、录课分享等多种教学模式，也满足了思政教师利用多元化方式进行教学的要求。最后，网络快速发展的同时带来了诸如 QQ、钉钉等及时沟通的软件，使得大学生和高校教师之间的交流与沟通更加便捷。

（二）帮助学生加深所学知识的理解

思政学科知识性较强，尤其是哲学部分，对于很多同学来讲都比较抽象，有相当一部分同学对于哲学部分采取死记硬背的方式记忆。在传统教学模式下，教师以"填鸭式""满堂灌"主导着课堂教学，由于课程本身理论性、知识性较强，再加上教师的教学方式，使得很多同学觉得思政课堂越来越枯燥。

但近年来，随着网络教学资源的普及与运用，教学形式丰富多样，视频、音频的运用可以缓解课堂枯燥的氛围，吸引学生对于知识的兴趣。在课堂上可以借助网络教学资源，教师在此可引入网络视频、漫画，以简短、形象的形式来阐释知识点具体内容。这样一来，学生既可以对于所讲的知识内容有一个直观形象的认识，帮助学生加深所学知识的理解，还能使课堂变得生动有趣。

（三）辅助高校思想政治教育

高校思政网络教学除了有政治导向功能之外，也有教学辅助功能，这是其作为高校学科的本质功能。教学辅助功能是对线下教学的补充，其功能主要体现在三个方面。其一，摆脱教学既定的时间与空间限制。网络教学具有明显的超时空属性，其教学组织实施更灵活，课堂弹性更大，其中教学视频支持回放，资料信息支持自由检索，学生可以自主选择学习内容，控制学习进度，可以将碎片化学习落到实处，取得实效。其二，强化了课堂的互动交流。思政课网络教学具有开放属性，交互特征明显，课堂教学不再是简单的知识灌输，也基于全方位的互动，优化高校学生学习体验。在信息平台的支持下，避免了教师与高校学生面对面交流的紧张与尴尬，高校学生与教师实现了平等的对话与交流，师生之间沟通愉快，高校学生可以及时获得教师的点拨指导，教师也能获得真实的教学反馈。其三，带来教学内容与方法的丰富，让高校学生思政学习视野更广阔，让思政课堂容量更大。信息不再闭塞，信息资源即时共享，教学内容更丰富，思政教学的时代特征更鲜明，更能激发高校学生思政学习热情。而网络教学走出了纸笔、黑板的教学局限，内容传输上实现了图文并茂与音视频融合，探究式、体验式、互动式、合作型、任务驱动式等满足高校学生多元化的学习诉求，也提升思政教育实效。

四、互联网背景下高校思政教育面临的挑战

（一）数据处理难度大对大学生意识形态渗透的挑战

国内部分大学生经常沉浸于网络之中，网络信息鱼龙混杂，有些学生被错误的网络宣传所迷惑。海量数据信息形态各异，很难做到将所有错误信息和虚假信息都区分出来，这对年轻人的思想认识和价值观判断造成极大干扰。

大数据时代的到来，迫使我们提高自己的数据处理水平，避免让错误思想影响大学生群体。面对各种信息的大学生群体，容易迷失自己，削弱大学生的民族意识。大数据的运用方便了生活，为我们带来无限好处的同时也在不断带来风险。如何利用好、防护好是我们现在必须要做的事情，现如今各国利益牵扯不断，而我国在动荡的大环境中迅速成长，会产生精神跟不上物质的状况，因此更需要在意识形态上的严格把控。

随着全球一体化进程的不断加快，以及我国改革开放的不断推进，不但加速了国与国之间经济层面的深度融合，也加速了不同国家之间、不同种族之间、不同文化之间的相互交织与碰撞，能够帮助我们开阔视野，丰富我们的日常生活。但不可否认，这些交流与碰撞势必会对我国主流思想文化产生直接的冲击与挑战，也给我国高校思想政治教育工作带来了新的挑战。青年大学生思维活跃、个性突出，他们正处于"三观"形成的关键时期，也处于从青少年步入成年的特殊阶段，部分青年大学生在错误思想观念的影响下，产生了崇洋媚外、民族情感淡化等趋势，因此，不良的思想观念势必会对广大青年大学生产生最直接的影响，从而影响高校思想政治教育的实效性。

习近平意识形态工作论述是在不断总结我国历届领导集体关于意识形态重要论述的基础上，结合我国实际国情与时代背景的新时代思想产物，充分体现了极具时代特色的创新性和与时俱进的特征。这样的时代性特征于高等院校而言应体现在教育模式与时俱进。一方面，习近平意识形态工作论述的网络论述表明网络已经成为意识形态斗争的重要战场。大学生作

为时代产品的追随者，必然会受到网络信息的干扰和迷惑。在这样的现实背景下，已有不少高等院校响应时代的要求，建立起网络思政教育平台，但仍然有部分高等院校疏于网络思政教育平台的建设和发展，甚至有部分高等院校并未感悟到网络教育的重要意义，没能触及该领域，依旧保持传统的课堂讲授教学模式，教育模式呈现老化，无法吸引学生注意力，激发出学生对思政相关内容的学习兴趣。对此高等院校应及时响应时代要求，进化其教学模式。目前，"翻转课堂""微课""慕课"教学等都在其他学科上得到了积极的运用，同样在思政教育上也应该得到适当地运用。这就存在一个"度"的问题，一方面，思政教学内容的特性、教学科目的特点、学生年龄特点、学习能力等决定了应该使其有针对性地发展，而不应该盲目的仓促的开展新的教学模式。另一方面，目前高等院校思政教育课程内容相对独立，思政教育模式还未健全，未能全方位地将思政教育的相关理论渗透入教育教学过程当中。

（二）知识的综合性对思想政治教育教师素质要求的挑战

思想政治教育只有教育者和学习者进行双向互动才能取得良好效果，传统的由教育者一味地灌输显然已经行不通了，新时代背景下，学生对于信息的搜索更为便利，并且这一群体对于新鲜事物具有强烈的好奇心，可以通过网络轻松地获取知识和信息。

若教育者不能与时俱进，不能及时更新自己的知识系统，改善教育模式，会使学生对思想政治教育课堂失去耐心和新鲜感，老生常谈的知识框架会让学生觉得上课不如自己上网学习，严重地挑战了教育者的地位，因此对教育者自身素质要求不断提高。

1. 大数据环境下学生思想多元化

大数据包罗万象，其中信息种类纷繁复杂，真假并存，其中也不乏会掺杂一些国外的意识形态，一些不良及错误思想很可能会影响大学生的人生观、世界观和价值观，很容易因为其心智的不完全成熟而被蛊惑和利用。这些错误思想和观点，通过网络平台试图影响青年群体，为获取自己的利益做准备。然而在海量信息面前学生真假难辨，会分裂出不同的群体和不同的观点态度，由于受不同信息的影响，学生们也会表达出不同的思想行为，思想政治教育的受众体思想形态各异，也为思想政治教育增添了难度。

2. 大数据时代获取信息即时性强

大学生群体是这个时代最活跃的因素，体验着先进科技带来的便利生活，大部分空闲时间都会选择上网，通过微信、微博等软件获取信息及沟通交流。信息网络的高速发展，使学生通过手机就可以及时了解国内外发生的重大事件，及时推送感兴趣的内容，满足学生的不同兴趣爱好，学生掌握的信息可能在某些领域比教师还多，对教师的课堂教育带来挑战，思想政治教育教师若不及时把握时政信息，将热点问题与课堂教学相结合，则会使学生失去学习兴趣，无法达到课堂效果。

大数据时代信息量庞大，虚假信息也隐匿于其中，利用大数据统计学生日常行为数据，可以对思想政治教育做出有效预测。但由于数据中存在虚假错误信息，就会存在误判的情况，取得适得其反的效果。一部分思政工作者无法接受利用新技术与课堂讲授相结合方式，无法对思政教育进行改革，就会使得逐渐适应新技术环境的大学生不愿意接受传统式教育，甚至产生抵触情绪，不利于学生对思政教育的接受，这为思政教育者带来了不小的困难。

（三）数据系统复杂化对思政工作者数据技术的挑战

大数据能够对海量信息进行超高的技术分析，实现数据价值的最大化，但随着信息数字的爆炸式增长，无论是信息的收集还是信息数据的分析，都对校园的硬件设备和软件条件提出了要求。

1. 数据收集与存储困难

在大量的数据信息中寻找有用的数据信息就如大浪淘沙，这就决定了大数据的价值密度低，也使得在分析数据时增加了难度。校园中学生数量大，个体间差异也很大，比如，家庭状况不同、社会经历不同、教育背景也存在差异等众多复杂因素都影响着数据的收集，与此同时，除了收集学生的基本信息之外，还需要收集学生的消费信息、校园出入信息、上网浏览记录，以及网络留言记录等众多非结构化与结构化掺杂的数据信息。而所有信息都需分门别类，不但收集起来困难，存储更需要较高的技术设备支撑，在收集和储存的过程中还需要具备专业知识与能力素养，剔除无用信息留下可以用在思想政治教育当中的有用信息，加大了数据处理的工作量。

2. 数据挖掘与分析困难

数据挖掘是指在海量数据中找出有用信息数据，发现数据背后隐含信息的过程。但在这一过程中数据包括结构化数据、非结构化数据，其中数据来源不同、形态不同，这对数据分析也提出了不小的挑战。学生是情感非常丰富的一个群体，但部分学生并不在网络上发布自己的真实想法，加之数据采集具有机械性，无法区别情感的真假，就会出现对错误信息做出分析，从而做出错误的预判，利用这些由虚假信息分析出来的错误信息，往往会使思想政治教育工作取得适得其反的效果。在网络环境下，高校对学生的信息收集和储存是碎片化的，将这些碎片化的信息连接起来，并分析其中的相关性是大数据当前在高校中运用的困难。如果高校能够将学生的碎片化信息串联起来，找出信息中的相关性，区分真假信息，则能够使思想政治教育向现代化迈进一大步。

3. 高校思想政治教育工作与大数据技术相结合困难

如果数据收集后不加以分析、挖掘，则会浪费大量的人力物力；数据如果分析挖掘后不加以利用，那么数据则会毫无价值。大数据时代，高校思想政治教育创新的主力军是思想政治教育工作者，而思想政治教育不仅要在形式上和观念上转变思维，更应该落到实处，了解和学习大数据的运行机制，深入大数据的工作当中，切实掌握大数据的分析技术。当前在思想政治教育队伍当中，掌握大数据技术的人才少之又少，掌握这种交叉学科知识的人才更不容易培养，既需要有过硬的专业的知识能力，又需要具备专业的数据技术素养。所以，培养能分析出数据之间的相关性并运用到大学生思想政治教育当中的人才已经迫在眉睫。

第三章　新时期高校思政协同育人的基本内涵

　　随着新时期高校思想政治教学改革的推进，协同育人教学理念逐渐受到高校领导和教师的重视。高校思想政治课教育协同育人顺应了历史发展潮流，对提升高校思想政治教育教学效果有着积极的作用。对此，本章节主要从思政协同育人的目标、思政协同育人的原则、思政协同育人的特征，以及思政协同育人的价值四方面展开深入论述。

第一节　思政协同育人的目标

一、落实立德树人根本任务

　　2019 年 3 月 18 日，习近平总书记在全国学校思想政治理论课教师座谈会上继续强调要落实立德树人根本任务。立德树人是我国高等教育学校的根本使命，直接指明了高校存在和发展的方向，明确一切思想政治教学与管理工作必须坚持的核心理念和导向。立德树人的对象是正处在青年时期的大学生，其政治认同、民族意识、人生观、价值观、道德观、荣辱观等都不稳定，其辨别能力较弱，容易受不良信息误导。新时期网络思潮复杂多变，加快了大学生意识和思想变化速度，大学生自身的主流价值观意识和理想信念极其容易动摇，从而产生价值困惑、心理焦虑、道德认知模糊等问题。对此，高校紧紧围绕大学生这个中心，通过植入大数据思维方法、构建思想政治教育大数据系统、培育掌握大数据应用的教师人才队伍等方式，开展高校思想政治理论课程教学，促进和加强思想政治工作各类育人主体的即时互动、经验共享，根据不同学生喜欢的方式，差异化地利用课堂教学、科研实验、校外实践、生活管理、学生资助、心理服务、情感教育等形式，进一步激发各项育人资源和要素的动力和活力，协同发挥效用，形成强大的教育合力，培养一批批既具有优秀道德品质、健全人格，又具备突出的综合素养、强烈爱国情感、崇高理想信念的青年大学生，为国家建设和民族复兴培育坚实和强大的后备力量，坚决落实立德树人根本任务。

二、促进大学生的全面发展

马克思经过无产阶级革命的长期实践和经验总结，形成了对"人"的深刻认识，并提出了"人的全面发展理论"。人需要通过多样化需求的满足、技能的提升、社会关系的稳定、个性的解放才能实现个人的全面发展。从某种意义上来讲，思想政治工作的核心指向是人，这也为人的全面发展奠定了良好的基础。随着新时代网络信息技术的发展，它为实现人在技术支持下智力和思维层面的延伸发展提供了新的机会和可能。在网络信息技术的影响下，思想政治工作无时不有、无处不在，为大学生成长成才塑造良好的外部环境，由外至内、由浅至深逐步改造大学生的世界观、人生观、价值观。并且，大数据基于数据整合、数据挖掘、关联分析、用户个性画像，洞悉隐藏在数据背后的大学生群体思想行为与个体规律，动态跟踪每一个大学生个体的学习动态和行为习惯变化，并预测其发展走向，帮助教师设计针对性强、个性化强的思想政治工作，实施必要干预、有效引导，最大限度激发每个大学生内在潜能、学习兴趣，使大学生能够在思想、心理、情感、意识观念和行为各个层面发生积极变化，最终促进个人的全面发展。

三、构建个性化育人新模式

个性化教育是尊重个体的特殊个性，发掘个体潜力，培养个体独特的才能，促进个体自由发展的教育理念和模式。这一理念和模式适应了大学生自身追求个性化成长的需要，也满足了多元化人才培养的社会需求，一直为我国高等教育所强调和倡导。人类社会从网络时代到大数据时代的进步和跃升，很大程度上推动了高校思想政治教育工作的开展。大数据海量、多样、高速的技术优势，能够对每个大学生个体的课堂行为、生活行为、工作行为、消费行为、阅读行为、娱乐行为、交友行为等多维数据进行实时采集、跟踪与监测，并且对全体样本数据进行即时存储、处理和深度分析，根据每个学生数据集合和海量资源的共享智能生成用户画像和可视化模型，为思想政治工作者的决策生成可供参考的建议，促使教师做出科学决策，针对个别学生的特殊性需求，设计符合每个大学生"口味"的专属学习方案，推荐最适合的学习资源，并根据学习接受力和内容偏好的不同适度调整教学内容，实现"内容个性化"。同时，以大数据为依托的思想政治工作平台可根据大学生个体道德水平、知识结构、学习进度、学习规律、学习特点、学习风格、学习需求的差异，采取差异化的教学方法、模式，安排合理的教学进度，实现"过程个性化"，从而最大限度地挖掘每个大学生在知识学习、科研实验、学生工作、社会实践、文体特长等方面的潜在优势。与此同时，大数据根据大学生智力、品德、心理、思想等方面的数据变化，实时反馈学生个体的受教育效果，找出影响教育教学的问题原因，推动教育实施者改进教学方案，从而达到"效果个性化"。这样，大数据运用于思想政治工作，旨在从内容到形式、从主体到客体、从教学过程开始到结束构建起一整套科学、完整、可行的个性化育人实践运行模式，真正实现更加符合人性和人的发展规律的个性化服务。

四、满足社会主义建设需要

社会主义的建设以意识领域的安全稳定、健全的顶层设计、科学的思想指导为前提和基础，但是网络的迅速发展和社会多种非主流意识形态的滋生，引发各种网络舆论思潮的飞速膨胀和蔓延，社会主义主体意识形态受到冲击。作为"网络原住民"一代的青年大学生，其意识观念、思维方式、价值取向、行为实践受此影响也呈现出新的发展特点，甚至出现了与主流价值观念不符的思想倾向和行为表现，这很大程度上影响了中国青年大学生群体为新时代中国特色社会主义建设付出、为祖国复兴奋斗、为人民美好生活创造积极奉献的坚定信念。

五、推动国家教育事业发展

当前，我国经济、政治、文化等各个领域的建设紧跟新时代的步伐正在稳步迈入新阶段，国家一流高校、一流学科建设战略规划为我国高等教育的新发展创造了契机。在这一新形势下，高等教育作为人才培养工作的关键环节和把关阶段，应当如何因时、因势、因事改革，以取得新突破、开创新局面，是一个需要深刻思考和迫切需要解决的重大理论与现实问题。根据党和国家对人才建设与高等教育改革的指示，紧紧围绕人才培养中心任务，着力推动思想政治工作协同育人理念、思路、手段、载体、基层工作、评价机制的系统创新，激活思想政治工作协同系统的内生动力，这对推动我国教育事业的发展有积极的作用。

第二节　思政协同育人的原则

原则是言行所依据的准则。高校思想政治教育协同育人的原则是在具体的实践互动中抽象出来的。高校思想政治教育是一个系统工程，系统中的各要素要以一定的原则为指导，实现互动，发挥育人功能。

一、人本性协同原则

人本性协同原则是高校思想政治教育协同育人的核心。人本原理发端于管理学，对高校思想政治教育协同育人的管理具有重大借鉴意义。高校一切工作都是围绕人才培养的目标展开的，人才的培养引起知识和价值的创造，这些创造需要思想政治教育来引导。高校思想政治教育的协同育人，将大学生的发展导入一个开阔的环境，促使学生在轻松自在的协同育人活动中完成自我实现和自我超越。因此，高校思想政治教育协同育人要以学生为本，切实遵循学生身心发展规律和教育规律，培养德才兼备的新时代青年。

坚持"以人为本",把人本性确立为基本原则不仅是发挥大数据技术价值理性的应有之义,更是凸显思想政治工作协同育人本质的实然之举。

首先,体现在工作理念上尊重大学生的主体地位。思想政治工作的实施主体应当将大学生作为一切教育行动的出发点和落脚点,将大学生成长的内在规律和发展需求作为实施教育改造的依据,在育人的价值目的上、思想观念上、方法手段上、机制制度上坚持人本位取向,体现人性化特色,主动关心、爱护、帮助大学生,解决个人世界观、价值观、人生观方面的疑惑,在思想政治工作的过程中尊重教育对象的自主权和选择权,注重挖掘大学生的独立性、主动性、积极性、创造性,丰富大学生自由的个性内涵,彰显大学生的主体人格。

其次,工作要着眼于大学生的需求。注重从数据挖掘、数据跨界、数据碰撞中,研究大学生的需求变化规律特点,以使教育主体对学生内在需求做到精准的理解、预判、供给,从多种渠道,用多种方式发挥各大育人要素的集成效应,满足大学生物质层面、精神层面、人格层面、社会尊重、交友学习、自我实现层面等多元需求,引导受教育者自我调节、自我教育、自我完善,使大学生在知识、情感、意志、品质、个性的潜能都能得到发挥。

最后,在工作方法途径上要彰显情感温度。传统的说教、灌输不仅缺乏情感温度,还大大降低了思想政治教育效果,引起学生的排斥和反感。运用大数据分析直观透视大学生的内心世界,了解学生实际生活、学习,使教育者有意识地将生硬呆板的理论条文转化为鲜活的图片、动画、表情、视频以迎合青年大学生的学习偏好,鼓励学生通过各类方式亲身体验、用心感悟、发展个性,协同其他力量参与,共同建构家庭、社会、高校"三位一体"育人格局,用家人的关爱、社会的温暖、师长的引导感动、感染大学生,使思想政治工作的主体与大学生心心相印、情意共通,真正用情感育人、情感化人、情感成人。

互联网背景下网民文化、直播文化、互动文化的产生,不断冲击着大学生价值认知模式和交互方式,其追求个性、出众、互异的性格特征更加鲜明,这对高校的差异化教育服务提出了更高要求。大数据的成熟应用及云计算、人工智能的突破性进展使"差异化"教育真正从理念倡导变成了现实实践。高校要强化思想政治工作协同育人主体差异化思维,引导他们主动运用大数据科学记录不同个体的学习行为数据，可视化、动态化呈现每个学生不同的知识结构、学习生活轨迹、性格表征，关注大学生的独特个性和特殊需求，以针对性、个性化、差异化的教育模式分类、分层、分个体提供服务，突出内容、资源、过程、效果的差异化特征。最后，要强化人文关怀。大学生既有生活、学习、交友、娱乐的基本需要，也有被理解、尊重、认同、信任、价值创造的人生追求。在高校的思想政治工作协同育人中彰显"以人为本"理念，要突出对大学生的人文关怀，要求育人主体树立"社会"与"个人"双重价值有机统一的理性思维，强调更加关注大学生个体发展、享受、情感、心理、意志、信念等方面的需要，在工作方式上体现艺术化、人文化、细腻化，用释疑解惑、当面疏导、同辈陪伴、文艺感化、心灵互动、换位思考、网络育人等方式，让思想政治工作抵达大学生内心，引导大学生在价值理念、知识探寻、人生目标、信仰追求上实现自我发展、自我完善、自我超越。

二、有效性协同原则

传统的"千人一面"式工作方法固化了思想政治工作育人模式，教授内容与学生需要的适应性不足，反倒形成对教育对象成长的禁锢。大数据时代差异化定制成为主攻方向，大数据能够从数据中发现教育对象的行为特征、成长目标呈现出的复杂化、多样化、互异化、层次性特征，以差异化思维意识强化对学生个体的关注和重视，对个别大学生具体教育问题做到具体分析，从而帮助教育者有区别的采用自我教育、形象演示等方法，增强育人方法和机制对个体的适应性，让大学生自然、欣然地接受教育者的引导，对其心理和思想产生直接和深刻的影响。不同大学生有不同的能力优势和性格特征，应当在培育目标上体现差异性。大数据基于对不同学生在心理素质、情感思想、价值态度的统一性承认，从个别化对象数据分析出不同学生个体先天优势能力、学科背景、学校特色、专业特长、学习程度的差异，为教师提供如何制订学习目标、架构内容体系、设置考核目标和评价标准的数据参考框架，使教育目标更加契合不同阶段大学生的情感、价值、心理和行为的需要，从而促进每个大学生的个性成长，最终实现协同教育的有效性。

有效性协同原则是高校思想政治教育协同育人的关键，是思想政治教育协同育人工作效果的重要呈现。一方面，是确保思想政治教育协同育人目标切实可行的需要。目标的切实可行，有利于实现协同育人的创生性，促进高校思想政治教育的发展。另一方面，是确保协同要素均衡有序地参与育人活动的需要。育人要素的有序参与，互通互联，有利于实现协同育人的衔接，形成最佳教育合力。因此，高校思想政治教育协同育人只有坚持国家的政治方向，契合社会主义市场的发展，满足人才培养的需要，才能充分发挥协同育人的有效性，实现人的全面发展。

三、时代性原则

时代性原则是指高校思想政治工作协同育人要反映时代变化、契合时代背景、紧跟时代潮流、适应时代形势，根据时代和社会的发展而不断做出调适和改变，与当下的现实环境和社会氛围相融合。

首先，思想政治工作协同育人的时代性体现在对时代背景的契合。大数据时代构成了当下最鲜明的时代背景，并且伴随大数据、云计算、人工智能技术的迭代升级，大数据时代正在朝向更高级的阶段过渡和转化，出现了智能化的形态发展趋向。推进思想政治工作协同育人发展应当正确认识大数据时代的必然性和重要性，以大数据时代为重要遵循，抓住大数据时代这一难得的发展机遇，科学、合理、谨慎地运用大数据创新、改进方法手段，体现工作的时代感。

其次，体现在对时代问题的把握。大数据时代的思想政治工作协同育人要紧紧围绕"立德树人"大任和培育时代新人的重大使命，结合新时代背景下出现的新变化、新要求，精准把握当前高校育人过程中在主体、观念、机制、载体、效果等方面存在的新问题、新矛盾，进而施以有效措施进行破解。

最后，思想政治工作协同育人时代性体现在对前沿技术的追踪。步入大数据时代，大学生活动的一举一动乃至思考想象皆以数据呈现，数字化表征揭示了大学生真实的自我，教育主体基于因果关系考量和经验直觉而形成的教育决策可能并不具有相当的可靠性。大数据超算、大存储、云计算、深度学习实现了大数据思政工作的技术突破，不仅驱动思想政治工作内在机理对容错思维、全样思维和相关思维在一定程度上的认同性接纳，更在研究视阈、信息化分析方法、智慧化育人载体、一体化服务平台、科学化反馈与评价机制等方面变革思想政治工作，从内里和外显双重维度建构大数据思政新模式，重视网络育人、数据育人，以思维和技术的同步创新增强高校思想政治工作的时代性、生命力、感染力，提升高校协同育人的精准性、人文性、实效性。

四、整合性协同原则

整合性协同原则是高校思想政治教育协同育人的保障。高校思想政治教育协同育人以系统论为理论基础，其整合性协同原则必不可少。一方面，思想政治教育协同育人处在"群己关系"的社会交往中。有效地协同整合，有利于良性社会资源的有效转化，如和谐、友善、诚信等资源转化为积极的思想政治教育，推动高校育人目标的实现，为高校思想政治教育协同育人格局的构建创造条件。另一方面，高校思想政治教育协同育人重视人的全面发展。多元主体、部门、平台等在协同育人中充分整合智慧和正能量文化，有利于促进新青年德智体美劳的全面发展。

五、延展性协同原则

延展性协同原则是高校思想政治教育协同育人的创新。目前，高校思想政治教育协同育人体系还存在弊端，深刻反思协同育人的包容性发展是重点。一方面，坚持延展性原则是实现目标的诉求。培养全能型人才，需要开放的、全方位的育人环境，并在问题和发展中实现符合时代的正确转变。另一方面，延展性协同原则是各育人要素互动的需要。各育人要素具有自身优势，在开放的互动中容易受自身因素的影响而影响育人效果。因此需要以协同创新为导向和重点，创新互动方式，实现协同育人的人本化、互通化建设。总之，延展性协同原则的实现要在统一规划下进行，在开放的格局下实现目标的诉求和各要素的创新互动。

六、科学性原则

在遵循思想政治工作一般规律的基础上，运用大数据和协同领域的理论和方法对过程中出现的问题进行思考、分析和解决，援引出科学结论，以此凸显思想政治工作科学内涵和科学价值，是大数据时代高校思想政治工作协同育人的基本指向，其科学性主要体现在对"三大规律"的遵循。

首先，遵循思想政治工作规律。思想政治工作协同育人要坚持社会主义办学方向，以党的领导作为有力保证，围绕立德树人任务，加强理想信念教育，用马克思主义的世界观和方法论引导教育大学生，用中国特色社会主义理论体系铸魂育人，提升大学生的理论自信；要以习近平总书记新的一系列思想政治工作论述和教育思想为科学指南，用科学性、真理性的理论为思想政治工作提供指导实践，为大学生成长成才奠定牢固的思想基础，用社会主义核心价值观增强大学生价值自信和价值认同。其次，要遵循教书育人规律。高校不仅是传播科学知识的高地，更是育人的摇篮，其第一层次的任务是教书，更高层次的目标则是育人。高校思想政治工作要用好课堂教学主渠道，深耕思想政治理论课，其他各门课程要"守好渠""种好田"，形成协同效应，促进教书与育人协同一体，做好知识传授与思想培育、价值引领、品德塑造的统一。同时善于利用校园文化、社会实践、科研实验的育人要素，让大学生在文化熏陶下、亲历体验中、科研训练中受启发、长才干、提素养。

最后，要遵循学生成长规律。大学生属于独立意识强、自我意识强、个性诉求鲜明的一代，且价值观和情感心理尚未成熟。大数据时代下的高校思想教育要形成科学工作观念，营造平等互动、民主讨论的学习氛围，尊重学生的主体个性差异，要善于运用大数据和科学的思维、方法、技术手段分析大学生心理行为变化规律和研判学生思想变化动向，回应大学生需求关切，多采用引导式、体验式、互动式、鼓励式的方法对学生进行思想教育，将思想政治工作价值性的内容讲得"有意思""有韵味""有温度"，让学生听得懂、喜欢听，用社会主义正能量的传播和宣扬引领大学生身心和人格健康发展。

第三节　思政协同育人的特征

一、主体的多元性

"全员育人"是加快形成协同育人格局的重要一环，它是指不同思想政治工作主体基于一致目标协同塑造大学生价值信念、引导大学生政治培育，疏导大学生心理隐忧，铺垫大学生成才之路，供给大学生情感关怀，促进大学生的成长进步。专职教师、学生工作队伍、党团组织、家庭、企业、社会等多个主体构成了思想政治工作活动的主要能动性因素，专职教师作为思政协同育人的主体力量应当将学生的思想道德教育融入课程学习、科研训练、职业指导等任务中，通过不同形式和多元化的内容对大学生施加影响，要在大学生的政治观、文化观、价值观和思想认知层面留下深刻印记。学生工作队伍作为学生日常生活和学习管理工作的组织、实施与监督者，也承担着学生思想行为教育的职责。

二、对象的复杂性

思想政治工作协同育人的直接对象是"人"，是正处在成长关键期和思想敏感期的大学生，他们思维活跃、行为多样、辨别意识能力较差，对于人生价值和外在世界的认知尚未定型，在思想和行为层面都呈现出极高的复杂性。思想政治工作对象复杂性体现在两个方面：一方面，是大学生的思想和行为变化快。随着互联网的发展，社会思潮在网络空间不断滋生和蔓延，一些错误的思想观念借助美丽的外衣，以隐性的方式在高校校园里集散和潜伏，不断刺激着当代学生的价值观念、思想认知、道德观念，也对高校意识形态领域的话语权威形成了不小地挑战。学生的思想、心理和行为变化速度极快，使思想政治工作者很难把握教育对象思想行为发展的确定性规律，也就难以精准定位施策的着力点。另一方面，对象复杂性还体现在大学生思想和行为的矛盾突出。伴随社会主义改革的深入和网络应用的全球普及，社会环境和社会舆论变得更加复杂多变，一些错误思潮和信息舆论迷惑了不少大学生，使他们对正确价值观的群体认同和内在认同有所削弱，这就导致大学生群体中出现理性思考和关注现实的意识弱化、政治信仰模糊、民族认同降低、疏离传统道德甚至仇视社会、心态浮躁等问题。一些大学生在面临价值判断和道德选择时，常常疑惑重重；面对理想信念的奋斗时，常常意志不坚；面对集体利益与个人利益、当前利益与长远利益的协调时，常常认识不清。他们在思想和思维上的彷徨、困惑最终表现行为矛盾，衍生出行为出格、错乱、攻击等问题。大学生思想和行为统一性的缺乏，加大了思想政治工作协同育人难度。

三、方法的精准性

在大数据的支撑下，可以借助学校教务系统、学生信息门户、校园一卡通、社交平台、视频监控中心等一体化系统，以离线采集、在线采集、互联网采集等模式实现学生数据采集动态化，对数以万计的大学生的课堂出勤、图书馆借阅、食堂消费、归寝情况、运动锻炼、社会交往、社会实践等多维数据和指标，以及他们在网络上留下的文字、音频、视频、表情数据进行全面采集、记录、监测，汇聚形成强大数据流，构建个人用户元数据库。大数据分析建立在统计学学理基础和机器学习技术支撑下，通过算法编程预先设计数据分析方式，从而实现数据的自主记忆与识别、智能分类与存储、超级运算、深度分析，刻画每个学生相关性动态轨迹并输出形成共性词条，从庞杂的数据中分析出大学生的行为偏好和习惯、学情考情、就业偏好、心理意向、犯罪动向，构建具象化、可视化学生用户画像、模型、图表。同时大数据可以监测高校舆情危机，分析舆情产生源头，科学研判其演变动态，及时启动预防和应急处理机制。大数据应用是数据产生、创造价值的过程，这一过程体现在大数据结合不同的环境和目的，告诉教育者什么样的决策是科学的，如何实施才能降低教学管理过程中的风险和成本。对于学生而言，大数据为每个学生生成个性化、精准化成长方案，提升学习推送精准度，使思想政治工作内容精准对接大学生的情感需要、价值需要、心理需要和学习需要。

四、资源的共享性

高校思政协同育人资源共享性特征，体现在资源的跨群体、时间、空间的流动、传输、共用。其一，资源的跨群体共享。高校思政协同育人必然要打破高校与其他主体之间的壁垒，依托网络建立沟通渠道和开放的大数据交流平台，进而丰富思政育人资源内容，提升资源配置效率和服务水平的同时也成为联系主客体的一种物质形式，促使不同主体在数据这一载体的连接下结成相互关系，加速大学生和高校教师之间、各学院和部门之间、高校与家长、社会组织、政府部门、企业之间的信息交流、数据分享、跨界合作，打破数据垄断，使数据资源在不同群体之间的流动过程中提升资源自身价值。其二，资源的跨时域共享。每个大学生的学习行为、消费行为、社交行为、运动行为皆以数据形式爆炸式叠加、增长，形成思想政治工作数据资源，这些资源依托手机、平板、校园网站、微博、微信、QQ等多种介质组建的庞大传输网络，实现即时传输、分享、获取，彻底改变了传统教育时代下思想政治工作资源共享不及时的弊端，使高校思想政治工作者可以在第一时间获取最新信息，从而及时调整教育决策和方案。其三，资源的跨区域共享。数据驱动的资源共享平台基于区域精准定位、自主整合区域内的有效资源，打破空间物理条件对数据流通和共享限制，突破区域壁垒，形成开放、互联、共通的网络空间环境，推动育人主体共建、共享数据信息网络，发挥出大数据信息资源多重效益和价值，融合多种教育力量，完善协同育人模式。

五、路径的聚合性

聚合是指单个的事物或元素以某种方式从离散到集中状态转变的过程，而高校思想政治工作协同育人的路径运作即是校内校外、线上线下各项育人要素，以大学生为核心通过协同方式实现作用力聚合的过程。大数据背景下，高校积极推动人才培养工作与技术接轨，改变了物理技术支撑下的思想政治工作信息传播、资源获取、人际合作的机制和方式，即改变了高校育人的路径。对于大学生个体而言，需要接触多个客体对象，如教师、家长、社会人员等，接收来自多方面的信息资源，以掌握个体成长所必需的多个学科门类的知识技能素养，从而获得全面发展。然而，教师、家庭、社会、企业等主体地理位置布局的分散性，以及思维的封闭性却制约了协同育人模式的形成。基于开放、互动、自由的思想政治工作空间和大数据一体化平台网络，打造完善成熟的高校体系化、全方位、全天候育人网络，构建有机互动、双向"互哺"的教育合作机制，各大育人主体以大学生为聚合中心点，教师、家长、社会群体等从育人空间中的多个定点协同发力，构建开放式、互动式、双向式、协同式的工作关系和样态，共同合作、共同参与，形成高校、家庭、政府、社会、企业合力育人格局，协同开发各类育人要素资源，在育人路径的选择、资源的供给、数据源参考上与大学生现实培养目标、个性需求相互匹配，使各大主体有针对性地发挥各类资源价值协同效应，共同致力于大学生的个性化成长和发展，在大学生思想、心理、情感、道德观、价值观、文化观等方面的变化中彰显思想政治工作的价值。

第四节　思政协同育人的价值

一、强化思想政治工作服务的针对性

传统模式下的高校思想政治工作囿于信息工具，以及采集、记录、存储、流通技术的限制，思想政治工作只能依托于课堂出勤、作业考试、局部调查、随机采样、个别访谈等方式反馈出学生存在的思想问题，然后提供相应服务。但是一些"表面现象"和教师的主观臆断导致部分高校思想政治工作方法走向了模式化，其供给的内容缺乏针对性和吸引力。因此，需要在协同育人理念、方法、路径、细节、效果评判等环节体现出针对性，针对个别群体、个别问题、个别需求供给服务，强化思想政治工作服务的针对性。

首先，大数据精准研判学生需求，提供针对性服务内容。大数据"样本＝总体"的数据模式能够使思想政治工作数据样本从个体转变为全体，数据规模从小部分转变为海量，数据类型从单方面转变为全方面、多层次，创造了高校思想政治工作全体样本和所有数据的量化分析方式，通过对大学生学、吃、穿、住、行多维数据的挖掘、分析、清洗、建模，发掘信息数据背后的隐藏信息，剖析学生的特殊需求和个性差异，精确定位大学生的需求层次，预测大学生思想和行为动向，有针对性地为不同大学生提供思想引导、政治教育、心理疏导、情感感化等服务，满足学生在成长发展过程中的需要和期待。

其次，大数据敏锐感知大学生思想行为问题，提供针对性对策。大数据系统掌握样本全部数据，能够研判大学生对象的一般性发展规律和动态曲线，一旦出现细微"差错"，便立即启动危险预警机制，快速诊断学生在思想、心理、身体、行为方面可能出现的异常问题，如学习成绩下滑、信仰迷失、违法违纪、心理焦虑、犯罪倾向等，帮助思想政治工作育人主体深入了解学生疑惑困惑，主动关心学生内心真实想法，提供人性、温暖、个性的关怀引导服务，帮助大学生解决困惑难题。根据大数据真实评价育人效果，提供针对性改进方案。

二、增加文化自信

一个国家的发展层赖于民族文化建设。对民族传统文化和价值观的认同感和自信感，直接影响本民族的荣辱兴衰和国家的整体性意识形态。

儒家思想是中华民族文化象征，是中国乃至世界教育史重要的智慧宝库。儒家文化因其思想先进性和民族代表性，是无数中华儿女继往开来的精神支柱，不断为文化宝库注入新的思想血液。儒家思想在内容丰富性、思想广度及文化指导性和底蕴层次上，都具有非常雄厚的实力优势。在高校思政教学中融入儒家思想，能够起到传播、传承和弘扬优秀传统文化的作用，进而增强高校学生对民族文化的认可度和自信度。

第四章 新时期高校思政协同育人现状

伴随着高校思政协同育人的开展与推进，虽然在实施过程中遇到了些许困难，但是也取得了一定的成效，这对推动高校思政教学改革发展起到了积极的作用。本章节主要对思政协同育人取得的成效、思政协同育人存在的问题，以及思政协同育人存在问题的原因进行了深入的分析。

第一节 思政协同育人取得的成效

一、线下教学取得成果

（一）实践教学

高校思想政治理论课实践教学的产生并不是偶然，而是与社会的发展存在密切的联系。从历史发展过程看，实践教学思想最早可以追溯到春秋时期各学派教育思想，实践教学模式主要强调实践形式的多样性，目的在于构建与课堂教学相互促进的思想政治理论课教学体系。

实践教学是相对于理论教学而言的一种教学活动，是以系统的理论教学为基础的，通过实践的方式达到教学目标，在教师的指导下，学生进行实践活动，发挥学生自己的主动性，能动的认识世界和改造世界。具体表现为：通过体验式、研讨式、合作式、虚拟型、辩论赛等教学法进行教学，坚持以学生为中心，教师为主导，是当前高校采用较多的一种模式。

实践教学分为课内实践与课外实践，课内实践主张让学生多动手多交流，鼓励学生在课堂内进行实践活动；课外实践强调让学生走出教室，在教室以外的地方进行实践教学活动，学生亲自参与探讨、参观、调研。简而言之，实践教学模式以教师为主导，以相关教学内容为场景，以学生亲自参与和体验为方法，以提升学生综合素质为教学目标，完成对课堂上所学到的理论和观点的验证，强化学生对知识的掌握，使其内化与吸收，最后用于实际生活。

（二）案例教学

案例教学模式坚持教师主导，以教师为中心。主要教学方式是传递—接受式教学，这种模式下构建的大学生和高校教师关系是单向教授式的，该种模式与一般讲授模式不同的是，教师在课前选取大量与内容相关的案例进行比较筛选，用最生动、最贴合学生实际的案例结合内容进行讲授，不再是单一、枯燥的灌输方式。案例教学是为了使思政课堂更富有生动性和贴近实际生活而产生的一种教学模式，结合学生实际，运用准确、生动的案例来服务教学内容，案例的选取要具有典型性，通过对典型案例的分析，展示出其中所蕴含的价值观、道德价值和人生意义，以此启发学生思考与学习，是一种先教后学，以学为主的教学模式，这是当前大多数思政课教师采用的较多的教学模式。

（三）专题教学

专题教学模式将各门课程文本分为不同的专题进行教学。该模式是对思政课教材体系再重组的一种创新的教学模式，对传统的讲授式教学模式在一定程度上进行了否定，从教师的专业背景与时事背景需求出发，以教师教为主，对内容进行系统化和模块化的讲解。专题式教学以北京大学思政课的"专题讲座式"为母本，之后又衍生出北京联合大学的问题导入式专题教学、中央财经大学的问题链式专题教学模式等版本。专题式教学是一种涵盖教学方法、社会实践和学生考核等各方面的综合性教学法模式，也是教育部大力推广的一种典型模式，已经为国内许多高校所实践，并在北京地区高校中居于主流地位。

二、网络教学取得成果

（一）网络教学

信息技术的发展推进教育改革，人们逐渐将信息技术同思政课结合，构成网络教学模式，高校思政课网络教学模式坚持大教育观，强调大学生和高校教师双主体，依赖信息技术、手机等媒介进行教学。由于网络的特殊性，网络教学模式的内容比其他教学模式所涵盖的内容广泛，其涵盖各个领域。网络教学模式是一种随着信息化发展而形成的信息加工型教学模式，这种教学模式是在近年才逐渐开始广泛运用于思政课教学中的，需要网络媒介将教师与学生关联起来，打破了传统思政课中时间与空间的限制，是完全脱离学校教室的一种模式，把传统的教室转化为网络教学平台，在平台上构建教室，学生与教师不再局限于教室中进行教学活动，而是把教学活动转移到教学平台中，运用双向互动法，实现教师与学生线上线下有效互动。

（二）线上线下教学

线上线下教学模式将课堂教学与网络教学相结合，与网络教学模式密切相关，又与其有所区别，最早是 2009 年在南京师范大学的思政课教学中实施，逐渐为众多高校所使用，尤其是在疫情防控期间，其优势显现，众多高校开始推广使用和进行深层次的研究与改革。线上线下教学模式以学为主，强调先学后教，注重学生自学习惯的养成，以建构大学生认知体系，帮助学生自学教材和拓宽视野为教学目标，以学生自学与教师线上讲授为基本形式，是在网络教学模式基础上进行改革与深化的一种教学模式。

教学模式中运用较多的是实践教学模式、比较教学模式及案例教学模式，这三种教学模式都是高校思政课教学模式中出现的较早的教学模式。后期随着老师的专业背景不同，每位教师擅长方向不一样，开始出现分科或专题教学模式，目的在于减少教师教学与科研的冲突。随着网络教学模式与线上线下教学模式出现，这两种模式主要基于网络技术的成熟和网络已逐渐成为人们生活中的一部分的情况下产生。对教学模式的不断探索,高校思政课的教学目标、原则、条件保障、教学内容、教学方法和教学理念也不断地发生变化。

三、高校思想政治教育对象主体意识增强

习近平意识形态工作论述中强调了人民性,意识形态领域的一切工作都要依靠人民、围绕人民,为了人民群众的根本利益。用该论述中的观点和方法分析高校思想政治教育,可以看出高校所面对的教育对象是学生,因而,高校思想政治教育务必做到"以学生为本",实现全程、全员、全方位育人。对于高校思想政治教育而言,学生就是学习的主体。

一方面,当前大学生对于思想政治教育持积极配合的态度,会主动看"学习强国"等网络平台上的思想政治内容,对于高校思政理论课的学习主动性也比较强烈。

另一方面,传统意义上的高校思想政治教育更加注重强调思想政治理论知识的灌输,主要以课本教材内容为教育重点,以教师的讲授为中心,在很大程度上削弱了学生作为学习主体的原则。习近平总书记指出,思想政治工作从根本上说是做人的工作,必须围绕学生、关照学生、服务学生。更加重视和尊重学生在思想政治教育课堂学习主体的身份和地位,通过课前预习活动、课上交流讨论,以及课后开放性任务的完成及反馈,极大地调动了学生的学习主动性,引导学生学会自我发声、深入思考,使得学生从灌输式教育中得以解脱,从被动性学习转向主动性参与,有利于学生对于知识的内化和升华,学生作为学习的主体性意识得到了很大的提高,思想政治教育实效自然增强。

四、实效性初步显现：理想信念得到强化

首先,多元主体初步形成协同意识,育人主体的主体性和社会性被激发,思想道德水平得到初步提升。通过分析对比部分高校近两年关于大学生理想信念的调查报告得出,八成以上大学生的理想信念呈上升趋势。具体表现为大学生的思想更加积极进步,越来越关心政治,尤其是热点问

题；大学生集体观念增强，大部分学生可以把集体利益放在首位；大学生生活态度更加积极乐观，能够以进取的心态追求实用主义；大学生自我意识增强，思维活跃，学习生活中自我教育能力提升等。随着中国社会主义现代化的发展，大学生的理想信念将会更上一层楼，为实现"中国梦"而奋斗终身。

其次，课程中的德育资源得到一定程度的挖掘，马克思主义理论和中国特色社会主义理论成为理想信念的有效支撑。习近平总书记多次在会议上强调要做好大学生的理想信念教育工作，发挥好思想政治理论课的优势。一方面，思想政治教育理论课考查方式多样化，笔试、网课、实践等相结合，在多样的考核中，学生学习积极性提高。另一方面，关于理想信念内容的思政选修课产生，受到大学生追捧，学生的理想信念得到强化。

最后，平台环境得到一定程度的净化，课上课下、线上线下"两联动"陶冶人的精神世界，直面人的生活世界。关于学生理念信念教育的网络端口层出不穷，如"学习强国""e支部""爱思政"等，学生通过微博、QQ、贴吧等途径随时随地学习，进而强化理想信念。

五、高校思想政治教育师资不断优化

教育者的思想素质修养和知识理论水平很大程度上影响着思想政治教育的效果，高校在重视主渠道建设和发展的同时，更不能忽视对教师队伍的建设，不断推进队伍建设，健全管理及激励体制机制，保证队伍源源不断。其中，突出强调了数量充足、素质优良的师资力量对于高校思想政治教育工作的推进极其重要。根据相关数据显示，目前绝大多数的教师思想政治水平和理论知识素养都基本符合思政教育者的基本标准。同时，高校谨遵习近平同志讲话精神，坚持"严格标准、精心选拔、优化结构"的人才选拔方针，从"入口"处严格把关；而且更加重视构建良好的工作文化环境，组织开展教职工文化活动，教师队伍形成了和谐友善、积极向上的工作氛围；绝大多数高校会定期安排思政教师参与党章党规的学习，以及召开重要会议精神领悟讲座，保证思政教师信仰坚定。

六、高校思想政治教育课堂主渠道作用明显

习近平意识形态地位论述强调"意识形态是一项极端重要的工作"，突出强调了习近平同志对于意识形态领域工作和建设的强烈重视。意识形态性作为至关重要的属性，与意识形态教育的内容共同寓于高校思想政治教育当中，且其内容也包含了意识形态教育的内容。因此，高校要想通过思想政治教育筑牢学生思想意识防线，必须要强化科学理论的导入，首要途径就是思政理论课。通过课堂，实现对大学生政治理论知识的输入和思想的引导。

因此，高校思政理论课承担着教化大学生思想意识、培养学生健全思想的重任，对高校全局建设也有着重要意义。习近平同志认为，思想政治理论课是实现立德树人根本任务完成的关键，其作用无法替代。近年来，全国高校谨遵党和国家在高校思想政治教育方面提出的新政策和新要求，把思想政治课堂作为教育主渠道进行优化与发展，并将其看作是高校一切工作推进的关键和学科建设的中心任务。高校谨遵"立德树人"的教育发展理念，并将此理念贯穿教育教学全过程，从学校、社会到家庭形成教育的强大合力，全方位、多角度促进思想政治教育的最佳成效。最后，高校也不断提高教学能力、培养师资队伍，使高校思政理论课极大地发挥其主渠道的作用，实现高校思想政治教育最大成效。

第二节　思政协同育人存在的问题

一、传统教育的滞后影响

（一）传统教育方法和内容对新时代高校思想政治工作的阻碍

随着党的发展壮大，中国化马克思主义理论日益丰富，中国共产党指导思想体系内容也随之壮大。多数的高校在开展协同教育时，为了避免出

现教学内容上的偏差，也为保证教育教学的严谨性和正确性，选择将传统和保守的思想政治教育方式和内容全部保留并加以运用，如思想政治教育和党建工作协同育人实施过程中，教师在传统教育方式的影响下，久而久之会产生党所做出的新指示、传达的新思想会与传统教学内容在一定程度上的脱离，大学生在学习过程中会将"马克思主义哲学"和"习近平新时代中国特色社会主义思想"当作完全独立的学科来看，从根本上误导大学生对中国化马克思主义理论成果的正确认识。其次，传统教学内容比较陈旧，若不能及时融入党的新思想理论，不能深入贯彻党的新会议精神，就不能保证思想政治教育的开展坚持党做出的最新指导，高校党建工作和思想政治教育的开展就会产生偏差甚至会产生严重的错误。若思政教师简单地认为学生"记住背过"就是掌握，只是单纯地进行理论学习，而不去教会大学生如何结合实际正确运用这些科学的理论，那么党的指导思想传达也只是流于形式，不能深入人心，也不会产生潜移默化的效果，导致大学生面对当今时代的一切新生事物和思潮时，无法结合自身接受的思想政治教育理论和科学指导思想进行正确分析和判断。

（二）大数据技术应用与传统育人模式不相对接

高校思政工作协同育人依托大数据科学对平台、手段、载体进行技术置换，革新教育理念和模式，加速思想政治工作科技迭代、思维转型、方法升级、模式优化、效果可视，建构信息化、个性化的思政实践新模式。由于大数据逻辑与思想政治工作人文本质疏离等问题，影响了思想政治工作协同育人达成推动大学生的思想、情感价值观，以及行为倾向符合现实要求和社会角色转化的既定目标。

其一，大数据对思想政治工作主体思维改造浅显。大数据强调全部而非随机、混杂而非精确、相关而非因果三种思维方式，并要求主体以这三种思维方式审视工作对象。经实证调研发现，高校思想政治工作主体育人思维受传统教育观的影响仍然较大，运用大数据全样、混杂、相关思维方式剖析思想政治工作主体、对象、环体、介体等要素关系的积极性还比较欠缺，其在工作中对大数据理性思维、数据思维、推理思维、全样思维、整体思维、伦理思维的运用较少。总的来说，在当前高校思想政治工作中，大数据思维作为世界观和方法论的指导意义还需要提升，以强化教师在全样本中剥离个体规律、在混杂数据中识别有效字段、在相关关系中揭示思想政治工作一般规律和个体规律的精准性。

其二，大数据技术与思想政治工作手段嫁接生硬。高校思政教学工作者往往通过大数据"技术赋能"对思政课堂、新媒体平台、在线学习网站、APP 教学产品、微信公众号、论坛贴吧、虚拟现实平台、线下育人基地进行技术提升，然而在实际教学中大部分高校并未形成个性化、定制式的思政教育。

（三）缺乏一以贯之的理念

目前，协同理念虽已初步形成，但这一观念并未真正植入每个育人主体的心中，也未真正贯彻到教育中去。缺乏一以贯之的理念，做不到观念相续。具体表现有：首先，协同育人理念贯彻的力度不够大。顶层设计不完备、制度体系不完善、育人环境不浓郁，导致协同理念自上而下贯彻出现形式化。其次，协同育人理念贯彻的意识不强。各育人要素基本保持原有的状态完成育人目标，协同互动中存在推诿、排他等不良反应。最后，协同育人理念贯彻的方式欠佳。各育人要素贯彻协同理念的方式只是通过简单地学习、实践，简单地贯彻，并未从根本上找到适合的协同方式。

二、两支队伍协同育人的热情不高

两支队伍是协同的主要力量，协同依托于他们的主动参与和积极互动。但现实中，两支队伍面临各自的考核和发展压力，对于协同的热情和积极性不高。

首先，思政课教师教学科研压力大，无闲暇时间参与协同育人。思政课教师的考核晋升指标中，学术论文的发表是其中之一，但现在许多教师也面临着"发文难"的问题，尤其是核心期刊、C 刊等更是"一版难求"。同时，部分高校对新进青年教师提出了严苛的考核招聘条件，入职几年内完不成要求的教学科研量，就面临着"非升即走"的问题。

其次，学工系统教师事务性工作繁重，不愿增加负担。以高校辅导员为例，教学中各种烦琐性事务基本都落在辅导员自己身上，事务性的工作繁重，不少辅导员甚至产生焦虑情绪，不愿再额外增加负担。"无论什么事，都找辅导员，光处理日常事务就够我们焦头烂额的了，一到开学毕业，还要加班加点做表开会，所以只要不要求大家干的，谁也不愿意给自己额外找活了"，一位辅导员老师说出了自己的看法。而其他的学工系统，因为自己所负责的工作不同，在不同的时期也会出现常态化加班情况，例如每学期初的学生处，毕业季时的就业中心，都因学生在一定阶段的需求增加，出现人手不够、事情琐碎、任务繁重的问题，这种情况下完成本职工作已属不易，更是对协同育人工作无暇顾及。

三、缺乏完备的顶层设计，做不到密集出炉，衔接有序

顶层设计的关键性体现在：一是具有方向上的引领性。高校人员在顶层设计的引导下，明确工作目标和任务，激发工作的主动性，协调行动，减少盲目性。同时顶层设计还发挥约束和监督作用，指导各要素有序参与协同工作，约束不良行为，提高工作效率。二是具有方法上的指导性。思想政治教育协同育人出现问题时，顶层设计能有效地厘清问题的先后顺序，促使人员迅速找到问题的原因，对症下药，高效完成协同育人工作。三是具有内容上的统筹性。高校思想政治教育协同育人顶层设计必须站在切合实际的高度，才能有效统筹各要素的协同工作，及时避免工作冲突、责任冲突。四是具有行动上的实践性。在目标的指导下，协同育人顶层设计只有有效落实，发挥其操作性，才能促进育人工作的高效贯彻和执行。

目前，高校思想政治教育协同育人的顶层设计虽已初步形成，但还不够完备，做不到密集出炉，衔接有序。具体表现有：一是顶层设计的决定性不够有效。协同育人理念与总目标源于顶层，然而思想政治教育协同育人工作的地位不够突出，导致成效甚低。二是顶层设计的整体关联性不够强大。各要素在顶层设计的决定下，围绕协同育人理念和目标所形成的关联性不强，各要素各行其是，缺乏要素间的衔接和匹配。三是顶层设计的实际可操作性不强。思想政治教育协同育人工作处于探索期，育人成效初步形成，仍需抓住本质进行有效设计。

因此，制订有战略高度的顶层设计，实现协同育人自上而下有效衔接，需要站在全局高度，贯彻协同理念，集中有效资源才能实现。

四、工作中缺乏长期稳定的沟通合作

近几年来，协同育人被教育部门和高校日益重视，但长期以来缺乏沟通交流的传统教育模式和方式，使双方在教学过程中缺乏深度的沟通和联系。

教育管理部门归口存在差异，跨部门的合作存在一定阻碍。主渠道与主阵地育人的管理涉及学校许多机构，但两者的部门归属不同，难以深入融合。课堂教学的主渠道主要归马克思主义学院、教务处、研究生院等部门负责，他们隶属于马克思主义学院；而大学生日常思想政治管理工作则由学生处、院系学生办、就业中心、心理辅导中心、团委等部门负责，其中，辅导员、班主任由学生处和院系共同管理，而其他心理辅导老师、就业指导老师、团委老师等大多为所在部门的专职或兼职教师。虽然二者之间都处在学校党委的统一领导之下，然而大部分人不会主动去寻求沟通，这些部门和两支队伍多数时间停留在各自管理、各自教育的阶段，即使有交流，也都是表面上或短时间的活动组织上的合作，没有建立起有效的跨部门沟通和交流机制。

五、高校"全方位育人"机制未深度落实

在育人过程中，课堂、家庭、社会等教育的缺失实则是"三全育人"联动机制中的"全方位育人"工作机制没有深度落实，"全方位育人"代表着"三全育人"体系坐标中的空间坐标，标志着各要素的活动范围，学校、家庭、社会及其他教育场所构成了这个"全方位"。

从教育环境的开放程度角度分析，依据空间的封闭与否，可将教育环境分为封闭式空间（现实育人中的课堂教学）和开放式空间（虚拟网络上的教育）。二者对应了传统的课堂育人和新型的新媒体育人，作为传统的育人工作主阵地的课堂，在新时代逐渐被以虚拟网络为载体的新媒体教育所取代，这让传统的课堂育人中自上而下的"填鸭式"教学无所适从，传统教育中，教育者会借助课堂形式将受教育者牢牢"拴"在课堂上，形成无形的强制力，进而忽视了受教育者内心真正的感受和诉求。而开放包容

的虚拟网络平台上的教育在一定程度上让受教育者有了选择教育资源的自主性，摆脱了物理空间上的限制，逐渐地让教育者在这种环境中丧失了强制约束力，当这种优势不复存在后，那种优质的教育资源更能赢得受教育者的关注度和认可度，进而会引入类似于商业竞争的"教育竞争"，让更优质的教育资源被更多的受教育者认可，便会直接影响到整个社会，乃至国家的育人发展方向。其实不论是现实环境还是虚拟网络环境教学都应该被重视，不能轻视任何一种教育教学形式，如疫情防控期间，全国的学生都按照教育部要求统一在家上网课，这种所有科目都上网课是有史以来第一次，就连体育也不例外，这让很多老师无所适从，不知道如何提升自身存在感，不知道如何互动等问题，都暴露出平时教学形式的单一性。

六、育人工作领域融合不深入

高校思政协同育人中各个领域之间具有相互促进的作用和密不可分的联系，但是由于二者在现实中是由不同的部门进行负责管理，具体实施起来的工作内容和环节也存在一定差异，因此很容易导致缺乏衔接、协同的现象。以大学思想政治工作与党建工作协同育人为例。

第一，工作领域脱节严重影响大学生党员的发展质量。若二者"各司其职"，大学生对于党的认识和理论思想的学习就会不到位不透彻，就会出现政治信仰、理想信念的偏差，大学生党员难免出现入党动机功利化等现象，严重影响到高校党建工作的严格性和党员队伍的整体素质水平；由于高校党建工作的严格性和严肃性，众多高校在开展党建工作的同时，为了保证正确的工作方向和性质，往往将其与行政工作归于一类，从而导致思想政治教育在高校党建工作中的重要性和引导监督作用被忽视，大学生党建工作的教育价值也被削弱，使得大学生党建与思想政治教育工作效率不佳，大学生党员队伍质量下滑。

第二，工作领域脱节导致大学生党建工作缺乏针对性和互动性。从二者紧密的逻辑关系上看，涉及的对象和群体之间都存在着必然联系。从教育阵地层面来看，大学生党建工作的开展通常局限于课堂、会议、讲座上的传授与渗透，高校思想政治工作的传统教学只流于形式和表面，但是在现实生活中二者对于大学生的宿舍、社团活动和校园网络都具有重要的监督引导意义，二者未能深层、有效地渗透到大学生的生活与校园文化环境中，也就无法对大学生的学习、业余生活进行正确引导，一些传统理念带来的滞后性使得党建工作和思想政治教育产生脱节。从另一方面来说，高校党组织管理者与大学生之间存在"隔阂"。大学生与思政教师、党建工作者之间虽然联系紧密，但是由于党建工作自身的严格性和特殊性，党建工作者与大学生群体没有太多直接交流和接触的机会，党组织领导者对相关工作的部署也只是传达到各专业院系的辅导员、党支部负责人，造成大部分高校党组织工作者与大学生之间缺乏一定的交流和沟通，从而导致党建工作者不能从日常生活学习中真正了解大学生，大学生党建工作也因为与大学生群体脱离而缺乏和大学生的互动性与工作的针对性。

七、缺乏完善的制度体系，做不到"不愆不忘，率由旧章"

制度体系保障的重大意义体现在：一是具有方向上的引导。通过制度的规范，引导不合理的协同内容和方式，保障思想政治教育协同育人朝正确的方向发展。二是具有内容上的规范。各要素出现协同危机，制度给予及时的规范。三是具有行动上的指导。指导各要素按制度进行协同，并用制度保障协同行为的顺利进行。

然而，高校思想政治教育协同育人的制度体系并未实现上下统一和左右衔接，做不到"不愆不忘，率由旧章"。具体表现：首先，高校多元主体和部门协同育人的协同、监督、评价等制度不完善。如部门以及人员合作意识淡薄，相互推卸责任，协同危机监管不到位等。其次，课程协同育人制度不完善。"思政课程"向"课程思政"转化的效果不明显，缺乏考核和评价制度。最后，高校在育人平台上缺乏制度的约束。学生逃课现象严重；网络和校园环境纯洁系数和安全系数不高，学生受到潜移默化的正影响不深刻。

八、缺乏浓郁的育人环境

高校环境是育人的基础，也是育人的一种手段。良好的环境给人以积极向上的影响，反之亦然。良好育人环境的作用体现在：一是具有方向上的引导。良好的育人环境有利于学生净化心灵，树立正确的价值观。二是具有行动上的指导。良好的育人环境有利于激发学生的互动活动，使互动行为更加符合道德规范。

然而，高校思想政治教育协同育人缺乏浓郁的育人环境，做不到"蓬生麻中，不扶自直"。首先，社会文化、社会意识形态的多元化影响协同育人的发展。不良信息的传播，使育人各要素的主流价值观受到一定程度的冲击，导致育人主体和部门思想不统一，导致育人课程中思想政治教育资源的影响力降低，导致育人平台出现虚拟、混浊等现象。其次，校园环境的变化影响协同育人的发展。校园缺乏浓郁的育人环境，归根结底在于校园的软件建设和硬件建设。一方面，硬件建设存在的问题有：教学楼由多个学院共享，无法有效宣传学院文化特色；辅助教学的工具陈旧；校园商铺分布杂乱等。另一方面，软件建设存在的问题有：学生学风不良，功利性强；部门相互脱节；课程德育资源挖掘缺乏等。

九、教育者教育信息化动力不足

在这个信息化的时代，网络也越来越成为教学当中必不可少的工具，为教育教学改革创新提供了机遇，有利于增添课程吸引力，提升教学质量。大数据时代，各行各业都争先恐后的应用研究大数据技术，致力于提升自己的核心竞争力。与此同时高校的思想政治教育也在逐渐引入大数据技术，提升思想政治教育的实效性。快速变化的教学环境，对于教育者的要求比较高，需要教育者对于大数据技术有一定程度的掌握，能够甄别真假数据信息，处理学生数据。通过对数据的分析了解学生，针对学生思想行为状况提出有针对性的教学方案，并且教育者也要学习智能化设备，高校学生思想比较活跃，接受事物速度快，但缺乏系统性，需要教育者利用学生碎片化时间进行稳定教育，让学生在网络中潜移默化的接受教育，例如：利用微信群组推荐学习信息和重大新闻事件，建立公众号实时推送学习资讯，形成线上线下相结合的教育模式。

目前来说，大数据在思想政治教育当中的运用状况并不乐观，我国大多数的高校思想政治教育工作者还没有意识到将信息化引入教育当中的重要性。思想政治教育是一种人文关怀较为浓郁的学科，研究方法很多都是对学生的调查，然而现在还是采取较为传统的调查方法，比如：调查问卷、访谈法、观察法等针对学生心理、思想和行为进行了解。但这些传统方法具有一定的局限性，对部分样本的调查不如利用数据展示全部学生的信息，更能便于研究者从整体的角度出发，全面的了解学生，不仅提升了思政工作者的研究效率，更好地应用于实践，还能利用生动形象的数字图表辅助枯燥的理论知识，帮助学生提高学习兴趣，减轻思政工作者负担。因此，实现思想政治教育现代化发展需要教育者转变教育观念向信息化迈进，努力提升自己的信息化能力和水平，为思政教育增添教育资源，提升思想政治教育实效。

十、教育内容与大数据资源整合不到位

高校思想政治教育工作存在的最大问题就是实效性不强的问题，在感染力和教学效果上来讲需要提高，应该在思想政治教育整体的内容上出发，将所有教育资源都进行一个整合，再加入现代信息技术，实现对传统教育瓶颈的突破。

将教育内容切实与大数据资源整合起来，首先，就要做到学校教育资源和家庭教育资源整合，让家长通过手机客户端等共享家庭教育信息，教育者利用课余零散时间与家长进行定时沟通。其次，就是院系内部的资源整合，想要收集学生的数据信息就需要将学生各个学科的学习信息都收集在一起，许多高校内部院校师资配比不统一，教师资源不一致，很多专业设置比例不协调，这都会影响院系的教育资源整合。学生在上除专业课以外的其他课程时缺失数据统计，与大数据技术融合不够，使得大数据在思想政治教育中无的放矢。除此之外，我国"校校通"已经进入实施阶段，但实际中还不够完善，只是在中小学中实施教学的资源共享，其目标就是让学校以较低的成本获得优秀的教学资源和教学课程，实现校与校之间的资源共享。现在大学间的校际合作还并没有完全实现，无法实现资源共享，原因是一些学校之间教学资源差异较大，硬件设备不统一，平台对接存在困难，加之各校学生需求不同，对于数据挖掘的目标也不一致，合作起来确实存在较大困难，院校之间差距较大，存在标准和研究方向不一致

的现象。层次较高的院校不愿将教育和学生资源进行共享，水平相对较低的院校则会出现无资源可用的现象，二者相结合是思想政治教育资源整合的困境。

第三节　思政协同育人存在问题的原因

一、当前合作育人教育机制产生问题的原因

一般来说，辅导员归属学生的管理系统，而思想政治课老师归属教学管理系统。不同的管理系统让二者之间的关系平行，而且大部分辅导员不会由思政老师来担任，一般来说辅导员都是由本年级本专业的教师来负责。思政课老师只是负责平时授课而已，与学生的接触机会比较少。学生在有思想问题要请教时，也不方便与思政老师沟通。一般来说大部分问题都会找辅导员来解决。而辅导员负责管理很多日常的学生工作，能对学生进行思想教育的时间非常有限。并且，部分辅导员是刚进入社会的大学生，并没有太多的阅历，在学生请示一些问题时，因为本身可能也不是思政专业，因此并不能为学生做过多的解答。这样的平行管理造成了思政教育发展的一大难题。平行机制对于大学生的联动产生了较大的影响。

二、高校专业教师职业素养现状的原因分析

高校专业教师，尤其是青年教师面临生活压力大的问题，主要原因是待遇低、要求高。有研究认为，当今时代的高等学校，青年教师群体除了普遍面临科研压力较大、教学任务繁重及薪资待遇不高等现实问题外，还遭遇知识学习与道德发展等困境。利用马斯洛的需要层次理论进行分析发现，教师面临的生活困难属于缺失性的需要，这种需要非常强烈，是必须满足的，否则容易引起大学生和高校教师存在矛盾。除了生活压力大等基本生活困难，教师还面临缺乏安全感和顺畅的上升通道等，大大影响了青年教师的士气和道德感的提升。

除此之外，因为扩招等因素造成的高校大量引进青年教师，在缺乏科学、系统的岗前培训的前提下，就将这些青年派到教学一线"接最多的课，干最重的活"，教师缺乏时间备课、反思，也缺乏社会实践经验和实践技能，最终导致专业教师教学能力差，教学方法不专业。

三、非主流的社会思潮的蔓延

融媒体大大增强了社会的包容度，使得每个人都可以"手握麦克风"，可以成为一个声音源，成为一个自媒体甚至意见"领袖"。在这种传播形势下，融媒体中，尤其是一些非官方的自媒体或者公众号中，一些视频小程序或短视频中混杂的一些非主流的、不健康的社会思潮也会得到传播和蔓延，与其他内容杂糅在一起，一同进入大学生的头脑和视野，产生了一系列的错误的倾向。当然，大部分大学生对融媒体中明显的反动言论和观点还是可以辨别的，但是对一些鼓吹享乐的、崇尚消费主义的、异化奋斗的价值的、宣传成功的偶然性，以及关系至上的言论就缺乏辨析能力和抵抗力。这些消极的、非主流的社会思潮久而久之就如"温水煮青蛙"般消解着大学生对主流意识形态的认同。

第五章　新时期高校思政协同育人发展策略及趋势

通过前四章节对新时期高校思政协同育人理论依据、协同育人发展现状等方面的论述后，本章节重点对新时期高校思政协同育人的发展策略进行了论述，在论述中主要从新时期高校思政协同育人发展策略、新时期高校思政协同育人发展趋势、提升高校思政专业教师队伍综合素质水平三方面展开。

第一节　新时期高校思政协同育人发展策略

一、互联网环境下高校思政协同育人途径

（一）"互联网+"教育内涵

1. 创新教育理念

"互联网+"教育，其最核心的一点就是"互联网+"创新教育，通过教师的创新教学、创新育人，引导和激励学生树立创新意识，培养学生具有创新思维、创新精神、创新能力是信息化教育的重要内容和目标。习近平总书记指出：牢固树立改革创新意识，踊跃投身教育创新实践，为发展具有中国特色、世界水平的现代教育做出贡献①。创新人才要靠学校教育来培养，这就要求当代教师必须具备创新的品质，牢固树立改革创新意

---

① 引自 2013 年 09 月 09 日习近平总书记致全国教师慰问信.

识，让改革创新成为一种自觉的思维理念、行为方式和目标追求，为创新育人做出贡献。

2. 网上网下资源整合

互联网时代是一个开放、合作、共赢、众创的时代。互联网不仅延伸了现实时空，改变了地理边界，还变迁了关系结构，为教育结构的重塑和整合提供了更大的空间；移动互联网使得随时在线成为可能，移动终端随时随地可以被接入互联网，这使教育的"全时空"成为可能。

互联网可以更好地实现"因材施教"。"因材施教"强调教育要从受教育者的实际现状出发，依据学生的认知水平、性格特点、学习能力及自身素质，展开有针对性的教学，促进学生全面发展；"因材施教"强调要着眼于社会对于人才素质的要求，从国家、民族对于人才要求的德智体美四个方面出发，将学生的个人发展与社会需要很好地结合在一起，对学生进行着眼于未来的全面成长成才教育。互联网、大数据能够更科学地分析学生的学情和实际需要，而"互联网+"的资源整合能够整合所有的教育主体形成教育合力，对学生进行立体式的全方位教育。

3. 思政课网络教学与课堂教学

在通过网络教学平台进行思想政治理论课改革时，所有高校管理者和工作者都需要明白改革的基本目标是什么。只有明确改革的教育目标，才能在实践中有思路规划，具体去实施各种行动。网络教学平台的思想政治理论课程改革，不只是增加一个网络教学形式这样简单，而是需要将网络教学和传统教学模式融合在一起，实现教育目的。

第一，设置专题教学，丰富教学内容。每节课教学目的不同，就需要教师在备课时下一番工夫。在备课时，必须确定好要讲授的思想政治理论课的主要内容。如何通过学生喜欢和好奇的点引入教学内容，如何设计教学过程能够让学生广泛参与并获得教学内容的理论知识是授课重点。

第二，了解学生的预存立场，及时完成教学评价与反馈。要想不断提高高校思想政治理论课的教学效果，就需要在教学当中注意内容和方法。

首先，教师要明确教与学的关系。在新时期"教"和"学"两者之间的关系是当前教师尤为关注的问题之一，二者之间的关系在很大程度上影响了高校思想政治教学效果。尤其是随着我国教学事业的改革，学生在课堂中的主体地位日益显著，如何在课堂中提升学生的学习主动性，使其积极参与到课堂教学之中，均是高校教师亟需解决的问题之一。解决"教"和"学"的关系，能够将二者从分立的局面转变为融合局面，这对于全面提升大学生思想政治素养有重要作用，同时也是当前我国高校思想政治教育改革的重点内容之一。

其次，掌握学生的心理动态。教师在解决"教"和"学"的关系之后，需要时刻掌握学生的心理动态，从而使教学内容具有针对性。曾经因为高校思想政治课的课程少、内容多，而且班级人数多，所以教师与学生的交流不是很方便。而有了网络教学平台后，教师和学生可以随时沟通。同时，翻转课堂采用课前、课中、课后的网络模式，教师通过网络教育不断对学生进行指导和答疑，也让学生更加了解自己的学习任务。这样就形成了高校思想政治教育学习的闭环，让学生从行动中感受到理论认知，再从理论认知上升到实际行动。这样的反复就促进了高校思想政治教育的发展。

通过网络教学平台，教师不仅能够了解学生的心理动态和认知程度，还可以组织学生在课后对知识进行巩固，为学生总结课中重点，让学生对高校思想政治课的把握更加清晰和明朗。网络平台教学有利于提高学生的期末成绩，也非常适合学生充分理解思想政治教学理论。

（二）网络思政教育协同育人模式内涵

1. 引导大学生正确规范使用移动互联网

大学生作为智能手机普遍使用的群体，大学生移动媒体的使用素养更应该值得关注和管理。

首先，要对大学生进行法制观念的普及教育管理，在现行的法律法规中，针对网络使用的法律并不在少数，但是移动互联网作为新生事物，针对性法律法规不足，在使用过程中法律界限较为模糊。而高校应该对大学生进行规范使用教育管理，让大学生有明晰的使用界限意识，除了开展有效的课堂教育外，还可充分运用移动设备，线上开展网络使用知识竞赛、智能答题、问卷小调查的形式，了解学生法律道德现状，促进学生懂法守法用法思想的形成，做到自觉规范使用移动互联网。

其次，要加强大学生网络道德教育管理，时代进步的同时公民素质也得到大幅提升，道德成为约束公民行为标准之一。而对于大学生而言除了日常生活中遵守道德准则外，在网络环境下也应遵守网络道德，移动互联网下遵循自由使用原则，在不触碰法律底线的前提下，使用网络主要依靠道德约束。高校要积极发现大学生在使用移动网络的过程中暴露出的问题，并分析移动互联网不同类型的信息，形成独立解决问题和批判意识。

形成法律和道德意识之后，还要注重、规范大学生移动网络信息传播的行为。移动智能手机区别于传统网络具有便携性、即时性的特点，因此对于大学生教育管理必不可少，在教育中可充分运用移动互联网，让学生了解在信息发布中哪些可以为而哪些不可为。在移动互联网中，也可搭载不同形式，对学生媒介素养进行教育，高校要从不同方面对学生的移动媒体素养进行管理教育，对于规范移动互联网使用有深远意义。

2. 借力高新技术打造趣味课堂

高校主流意识形态教育，作为最直接的、传播主流意识形态的窗口，在面向大学生时，也应及时更新模式，做到与时俱进。年轻的大学生，与移动互联网共同成长，价值观念、行为模式受到网络影响较大，继续坚持单一的授课模式，很难将全部学生的吸引力转移到课堂中。

在移动互联网大背景下，创新主流意识形态教育课堂教学模式，打造趣味课堂，激发学生对于理论课的兴趣，进而让大学生自觉接受我国的主流意识形态。传统的教学模式中，教师在三尺讲台上滔滔不绝的传授知识，近年来电脑投影的使用，让课堂增添了些许科技的色彩，但是移动互联网时代的到来，学生的注意力更容易被不足八英寸的小屏幕智能手机吸引。同时，教师虽然有广博的知识储备，但是相比于智能手机而言，信息量仍然不足以匹敌，而大学思想政治理论课堂往往采取大班授课模式，移动互联网的发展，能打破这一困境。教师可以充分利用移动智能手机的特性，调动课堂气氛，吸引学生注意，增加课堂趣味性。开课前的智能手机点名签到已在多个课堂实施，通过后期效果反馈可以发现，学生对于这样新颖的点名方式是认可的。同时，使用移动智能手机进行点名，以实时打卡的形式，也增加了学生的到课率。在课中，除了使用投影仪外，课堂也可以加入使用移动智能手机，通过使用应用软件，进行课堂提问，检验课堂教学成果等。在传统课堂中，教师更倾向于提问靠前排或者自己相对熟悉的学生，部分学生可能会由于性格内向，被老师忽视。而移动智能手机的随机提问功能，恰好弥补了这一问题。利用智能手机，全体学生加入同一平台。在课堂中使用移动智能手机，弥补了因教师的单向输出而导致的课堂气氛低迷的情况，有效提高课堂到课率，以及学习的积极性引发各个专业学生的共鸣，让学生在主流意识形态教育课堂找到自己的存在感，充分理解课堂知识。

（三）通过微博整合思政课教学的热点资源

微博是个大杂烩，里面的内容包罗万象，微博热搜更是实时更新，深受大学生喜爱。所以我们要正确运用微博，将微博变为思政课的知识宝库。高校思政课教师进行教学时，必须要合理整合，而不是简单的杂糅在一起，要不断提升信息的辨识。

一是借助微博热搜资源，使思政课教学视角学生化。微博热搜资源丰富，高校思政课可以充分借助微博的优势，整合热搜资源，进而完善高校思政课堂教学内容与方式。思政课教师可以抓住微博的热搜资源，将其中的一些典型事例，及时加到思政课教学中来。一方面，可以使教学内容紧跟社会发展，让学生在实际生活中及时更新自己的知识，增强辨别是非的能力；另一方面，可以使学生能够对这些事情坚持正确的看法，形成正确地判断，方便思政课主体教学内容的展开。

二是丰富思政课教学内容的资源库。微博内容丰富多彩，资源成千上万，其中不免出现与思政课教材相吻合的内容，由于教材不是实时更新，很难做到及时更改，所以当热点与教材出现相悖时，学生便容易陷入困境；或发生的热点资源体现了某一教学内容，但其事例却过于老套而不够吸引学生的注意，因此要整理并丰富思政教学的热点资源，以教材的内容为基础，对近几次发生的事件进行讲解，升华到思想和价值的判断和选择，形成正确的思想意识，对日后学生的学习、生活和工作可以形成正确的思想观念。

三是与学科教师进行资源互动。目前部分教师均在微博开设了自己的账号，即时发布一些关于热点内容的感悟或者是自己最新的研究方向及关注方向。思政课教师可以不必在等很久才能知道学术大家的思想内容，通过微博关注即可。专家关注的热点信息及资源可以反馈学习及积累，同时，可以通过私信的方式与专家进行沟通，进行学术交流，使得沟通不再需要等机会。

四是微博"意见领袖"应当注重自身言论对大学生的引导，同时发挥朋辈教育功效。大学生交往圈子比较狭窄，所以关注人群比较单一，主要是两类关注对象：一类是同龄同学朋友、一类是微博上有影响力的网络红人"意见领袖"。可以称其为"意见领袖"的微博用户往往需要具备如下特征：粉丝人数众多，至少达到数万人；在现实生活中也具有较强的知名度；在微博用户中有较强的诚信，支持者较多；发微博频繁，善于在微博上表达自己的观点。微博"意见领袖"应当承担起与其知名度相当的社会责任，越是受到年轻人的关注，就越应当在发言上谨慎思考，确保其言论不对青年人带来负面影响。微博运营方可以对粉丝人数达到一定数量的用户设立"言论承诺书"制度，使其通过在微博平台上承诺的方式担保其言论无害。同时，高校思想政治工作者应该培育一些学生中的"意见领袖"，对那些善于运用微博、政治觉悟较高、在学校表现良好并且在学生中有较高威信的"学生"，思想政治工作者应该鼓励其多发微博、发表对大学生有影响的积极正面的言论，使大学生之间互相引导，发挥同龄大学生之间的朋辈教育功效。大学生之间由于彼此有相似的学习生活经历，对事物的理解类似，情感表达方式类似，因此相比老师家长的说教，他们更愿意聆听来自自己身边的声音。一些得体、正面、主流的言论通过大学生"意见领袖"的正确传播，很容易在大学生中发挥舆论作用。

（四）运用云平台，展开多维度互动协同教学

疫情防控期间，线上课堂成为教学任务正常进行的保证。基于不同地区的现状，钉钉 APP、QQ 会议、雨课堂、腾讯直播、爱课帮等新媒体直播软件借助"云"技术，使得思政课在"云"上进行直播授课，教师可以在线上直接给学生答疑，学生通过点播回放等方式可以深入反复进行知识点的学习，确保了学习进度的正常进行。

首先，可以建立"云"班级。疫情防控初期，多数教学都是通过手机或者"手机+电脑"的方式开展直播教学，部分老师还要对新媒体的直播软件进行摸索、尝试，加大了授课教师的任务量，授课形式也单一，效果也不尽人意。为保证教学的良好进行，学校要利用"云"技术，充分利用新媒体直播软件的优势，由专业教师及时地将任课教师及学生的信息导入直播软件，建立授课班级的基本信息情况，为学校所有大学生和高校教师

申请线上账号，并覆盖班级信息、教师信息和学生信息等基本情况，搭建打卡、授课、答疑、推送、发言等线上直播按钮，使得学生和教师只需通过手机验证码便可以进入课堂进行线上的教学与学习，避免因为软件的生涩导致思政课教学效果的弱化。

除此之外，在运用云平台展开多维度互动协同教学时，也要注重对移动 APP 客户端教学的管理，例如创建相应的 APP 教学管理端，以此保障思政协同教学效果。如蓝墨云移动 APP 教育软件，这款软件对于当前的大学生而言可谓是"量身定制"，这主要是由于这款软件与当前大学生的日常生活十分的贴近，它不仅改变了传统呆板的教学模式，同时也为大学思想政治教学带来了些许的乐趣。在网络信息技术发展的时代，高校通过创建移动 APP 教学软件的方式开展思想政治教学，可以很大程度上缩短教师与学生的距离，让教师和学生随时随地进行沟通。从某种意义上来讲，在这种教学环境中，学生的厌学情绪会得到消除，同时学生之间也可以对当前的时政热点展开讨论，分享心得。有了这样的 APP，思想政治课教师可以提前将课程上需重点讲述的内容展示给同学们看，也可以针对学生的课前反应来对课程的教学方式和教学步骤做出改变。

（五）打造高校思想政治教育微信公众平台

中国共产党十八次全国代表大会以来，以习近平同志为核心的党中央高度重视新时代高校思想政治工作，强调新媒体、新技术在思想政治工作中的运用。高校微信公众平台是校园新型主流媒体之一，已经成为高校传播信息与学生获取知识的重要渠道，高校思想政治教育者要善于因事而化、因时而进、因势而新，牢牢把握高校微信公众平台进行思想政治教育的必然趋势，积极凭借高校微信公众平台这一鲜活载体，深入发掘高校微信公众平台的思想政治教育功能，将思想政治工作的传统优势与信息科技有机融合，让高校思想政治教育活起来，在新时代彰显吸引力、亲和力，是新时代高校思想政治教育的应有之义。

1. 培育学生"意见领袖"

高校微信公众平台在关注大学生媒介素养提升的前提下，亟须高校微信公众平台培育大学生"意见领袖"扮演好自我角色，拓宽平台思想政治教育内容获取渠道，推进思想政治教育与舆论引导有机结合。移动互联网时代的技术支撑，以及信息化社会民众的心理需求，催生了网络"意见领袖"的崛起。"00 后"大学生群体持续分化进程中，少数青年学生能够以独特的网络语言与技巧吸引他人、彰显存在、重塑外在形象，能够通过信息分享、讨论质疑、表明立场等理性机制和情感宣泄、恐惧唤起等非理性机制影响受众，因而，高校微信公众平台应立足立德树人历史使命与时代责任的践履，以及大学生自由个性全面发展的现实需要，培育引导校园网络话语、动员校园舆情的大学生意见领袖，满足大学生对于未来发展的美好期待，助推思想政治教育功能的有效发挥。具体表现在。

第一，校园网络话语引导者。仍处于人生成长阶段的"00 后"大学生，具有关切社会现实、个性意识鲜明，但缺乏理性、辨别能力较差且易于走向极端等特征，由此他们在面临网络海量、复杂信息时，急需大学生网络"意见领袖"进行朋辈教育与引导。相对于普通学生在微信平台意见表达、信息转载的随意性，学生意见领袖发表、转载的相关信息要经过整理与加工，才能更具稳定性与系统性。

由此，需要不断提升大学生意见领袖网络语言表达的艺术性，用网络语言吸引广大青年学生，引发情感上的共鸣，达到思想上的启迪。当高校微信公众平台针对某一重大事件或者社会热点发布文章之后，为让大学生对事件有全面地了解，避免片面、极端的认知，学生意见领袖可以通过文章末尾留言区留言进行引导等方式，针对在校大学生素质参差不齐、境界高低不等的现实状况，精准式推送相关话题的观点与看法，主动出击、意见鲜明地对部分大学生的错误观点、不良言论加以引导，从而提升其思想认识，扮演好话语引导的校园角色。

第二，校园网络舆情的动员者。校园网络舆情因社会较高的关注度、传递信息的混杂性、传播形式的多样性，以及舆情主客体的不成熟性等特征而呈现出多领域、易触发、快速度且结果难以控制的演绎态势，给高校思想政治教育工作带来巨大影响。鉴于大学生意见领袖受青年学生关注度较高，尤其是其在信息交流沟通中扮演着整合多元化、差别化舆论重要推手等角色，当面对突发校园网络舆情事件，以及由此引发的社会拷问，类似于成都航空职业技术学院"学长七号开会吗"等突发舆情事件，高校微信公众平台要让学生意见领袖利用自我的领袖身份，凭借自身的校园影响力、号召力，站在维护学校社会名誉，促进学生健康成长的角度于第一时间予以回应。学生意见领袖可现身微信公众平台互动讨论区,针对大学生对于危机事件的困惑点、疑问处及处理方法,给予理性层面的分析,及时帮助学生解决疑难困惑,进行心理疏导,避免校园危机事件的发展态势进一步恶化,由于这些"意见领袖"本来身份是学生,他们所传递出的信息与观点,容易说服学生,容易得到拥护,往往达到事半功倍的引导效果,助推校园网络舆情的良性发展态势。

第三,校园网络超凡魅力者。大学生意见领袖的意见表达往往因朋辈因素更容易被广大青年学生所接受,从而使之具有极强的动员能力与感召能力,甚至是具备一呼百应的实力。高校微信公众平台通过推送学生意见领袖自身的优秀经历、先进事迹,耳濡目染熏陶身边每一个同学,最终形成榜样力量,发挥示范引领作用,营造正气向上、奋斗拼搏的微信网络氛围;同时微信公众平台主动策划主题,诸如励志人物、考级竞赛、考证评优、考研深造、职业规划等选题,让意见领袖以现身说法的方式进行经验展示,在平台上给予大学生完整地帮助与指导。高校微信公众平台不断提升学生意见领袖的校园受欢迎度,强化魅力的塑造,更有利于增强学生意见领袖为广大青年学生释疑解惑、思想引导的说服力与引导力,从而助推微信公众平台思想政治教育功能的发挥。总之,学生意见领袖应该在微信公众平台上扮演好承上启下的角色,恪守移动互联网时代积极、负责的公民理念,用好自己的话语权,负责任地进行意见表达,塑造自我"学识渊博""积极负责"的外在形象,历练学生意见领袖的魅力,不断提升自我的影响力与号召力,发挥朋辈示范引领正效应。

2. 强化领导机制

加强对微信公众平台的指导,增强主体职责,明确对微信公众平台的主导,强化责任意识,强化对微信公众平台的领导,切实做到党性原则贯穿高校微信公众平台宣传报道与舆论引导的全过程,切实保障高校微信公众平台的领导权、话语权始终处在党的正确管辖之下。

（1）树立引导理念,加强对微信公众平台的指导

我国文化信息场域的信息总量规模大、数量多,但是真正能够直抵人心,尤其是能够满足大学生对美好生活向往的经典作品却存在供应不足的现象。这意味着,高校需要坚定不移地把党管媒体的原则贯穿至移动互联网领域,全面加强党对互联网舆论导向的统一指导,认真做好日常运营的

指导干预，全面落实党管网络意识形态工作，实现线上线下同向同行、标准一样、导向一致。

（2）增强主体职责，明确对微信公众平台的主导

在高校移动网络意识形态的工作中，同样要明确党委书记，以及各二级部门书记为第一负责人的职责身份。微信公众平台上的意识形态工作需要各个高校党委负主体责任，党委书记应为第一责任人，分管领导班子成员担负责任，其他职能部门领导成员应该按照"一岗双责"的要求履行领导职责。一方面，助推高校党委书记、校长带头抓微信公众平台建设。增强高校党委书记、校长，以及其他职能部门领导干部深入微信公众平台第一线，主动联系大学生，推动高校领导干部了解思想政治理论课、辅导员等工作。另一方面，落实高校党委微信公众平台建设主体职责，把微信公众平台建设作为意识形态工作摆上重要议程。每年的党委会议应该召开一次移动网络意识形态工作专项会议，其中包括微信公众平台建设问题，抓住微信公众平台在思想政治教育的短板问题，在队伍建设、资金支持及品牌打造等方面应该相继推出有力措施。

（3）强化责任意识，强化对微信公众平台的领导

移动互联网时代，信息技术高速发展，网络虚拟空间中社会利益交织错综复杂，社会思潮碰撞跌宕起伏，各种新问题、新情况奔流而至。面对新形势、新任务，各个高校党委应该积极回应，毫不动摇地坚持党管媒体不放松，贯彻落实党性原则，切实加强对校园网络阵地的领导，牢记新媒体宣传工作的神圣使命，高校微信公众平台更应该坚定不移地认真落实党管媒体原则，牢记传播主流意识形态，传递正能量，弘扬主旋律的重要使命，掌控主导权，掌握话语权，占据网络主流意识形态的主导权，各个高校党委始终坚持正确的政治方向，履行好领导责任，始终保障高校微信公众平台在正确的发展轨迹上焕发出蓬勃的活力与生机。

3. 运用微信公众平台，开展线上线下教学活动

（1）课上课下实践"微教学"

传统思想政治教育教学的开展受到时间和空间的限制，理论教学、实践教学、主题教学等都需要在规定的时间和范围里才能进行，其教学形式主要表现为教育者与受教育者直接地面对面交流、一对一或一对多对话，其教学内容、教学方法、教学评价等教学活动的每个环节都是由教育者来

运作。然而，随着"00后"大学生已经逐渐成为高校校园受教育者的主要群体，如果再以之前的眼光看待青年学生，以简单化、单一化的方式对待思想政治教育教学，则不能满足受教育者多元化的需求，最终失去对思想政治理论课程的兴趣。

依托移动互联网的强大技术支撑，结合大学生群体网络原住民的特性，在高校微信公众平台上寻求突破，无论是教学内容的知识广度，教学方式的人性设计，还是教学评价的即时反馈，都是传统思想政治教育教学无法超越的，受教育者可以根据自己的需要，自主选择教育信息。以"明德 e 堂"微信公众平台为例，一方面，"明德 e 堂"通过每期的系列推送，让大学生及时了解时政要点、社会痛点、学校热点，另一方面，则以特色三大功能板块"慎思、博学、笃行"为教师课上教学提供有针对性的课程资源补充，依托课程的微课资源进行翻转学习，现平台已经承载了"创造有价值的人生""做社会主义核心价值观的积极践行者""爱国主义的时代价值""确立马克思主义科学信仰"近 20 个微课课程。同时，开设在线考试系统，进行思想政治理论课程的无纸化练习和期中测试，2018 年 11 月，"明德 e 堂"首次运营在线考试系统。针对 2018 级 3914 名新生，该学期的"思想道德修养与法律基础"的中期考试，创新性地运用微信公众平台进行在线测试，填补了本校思想政治理论课程无纸化考试的空白。"明德 e 堂"还通过与校园教学网络平台"云班课"的链接联动，对课堂实时互动、即时评价，进行联动教学，实现了对思想政治理论课主渠道教学的有效补充与资源再造。

（2）线上线下实践"微活动"

移动互联网时代，高校微信公众平台多渠道、多层次、多样式的传播形态更能满足当代青年大学生的多元化需求。"明德 e 堂"以微信公众平台为载体开展的"微活动"作为拓展与衍生的新手段、新思维，已经成为实现思想政治教育功能的重要抓手。2018 年至 2019 年，"明德 e 堂"在专项资金的支持下，成功举办了 3 次线上线下主题教育实践"微活动"，即"爱国情，强国梦，奋斗行——青春 FREESTYLE""爱国情，强国梦，奋斗行——青春相册""爱国情，强国梦，奋斗行——青春出彩"。这 3 次系列主题微活动为"明德 e 堂"迎来了 30 万人次的访问量，尤其是"爱国情，强国梦，奋斗行——青春出彩"活动，全校大一、大二近 5000 名学生全员参与，仅线上网络投票环节的点击量就达 22 万人次。

在网络投票结束之后，"明德 e 堂"举办线下作品展演与颁奖晚会，线下活动以"拍、诵、舞、唱"的舞台表演方式诠释青年学生奋发有为、积极向上的青春风采，展示大学生紧跟时代砥砺前行，为实现中华民族伟大复兴的中国梦不懈奋斗的信心。活动过程中，现场大学生通过关注"明德 e 堂"公众平台，进入"微信上墙"，一方面，以线上与线下即时评论的方式，增加大学生的参与性与体验感；另一方面，将大学生的微信 ID 导入现场抽奖大厅，一旦到了现场抽奖实践，即可采用大学生"摇一摇"、终端随机等方式参与现场抽奖，这种方式极易引爆"微活动"的现场高潮，带来"高嗨翻"的活动气氛，既可以推动思想政治教育活动的顺利进行，又可以尽显思想政治教育与微信思维相结合的创意。

4. 丰富微信公众平台思政教学内容

（1）创新推送类型

青年是时代的"晴雨表"，青年怎么样，未来中国将怎么样。因而，在微信公众平台强调知识理论灌输的同时，也应关注大学生求知、求新的需求，除了在微信公众平台上发布相关学习的文字、图片或图文并茂的文章之外，还应结合当下更受大学生群体关注与喜爱的传播方式，例如微活动、微课、微电影等，在推送中注入全天候、多维度、立体化的鲜活类型，吸引大学生关注。

（2）开展甄别实践活动

抓住社会热点事件与广大学生关心的校园议题开展实践活动，强化与学生的沟通、交流，通过实践活动的开展，让大学生主动意识到网络信息甄别能力提升的重要性，比如举办热点讨论、知识竞赛、案例探讨等活动，让他们将所学的理论知识与实际生活相连。运用理性思维在纷繁复杂的网络信息中反复甄别、审慎取舍，合理过滤不利于身心发展的信息内容，科学获取有利于全面发展的信息内容，从而在明辨网络信息是非的基础上，灵活运用信息甄别能力在活动中弘扬主旋律、传播正能量。

（六）互联网环境下高校"思政慕课"的构建

1. "慕课"与传统思政课

若将思政课真正上到学生心里去，就需要结合时代和当代大学生的心理特点展开教学，而不仅仅只是简单的纯理论和说教，要将思政课与新的教学手段、教学媒介相结合，借助融媒体和移动互联网等学生们熟悉的新技术、新方法开展思政课，做到在"慕课"的新手段下，在不改变思政课育人功能的前提下，从配方、工艺、包装上以学生喜爱的方式改进思政课。

首先，时空的差异。传统思政课中学生和老师采取每周见面的方式进行思政课教学。"思政慕课"则打破了这一教学方式，其教学地点不再受时空的限制，上课的地点可以在宿舍里、家里、公交地铁上或者咖啡厅里。

其次，教学核心的异化。传统思政课堂基于思政课的公共课特性和课程本身的政治理论的严肃性，在教学环节中通常是以教师为核心，教师主导教学的过程，以教师讲授为主，即使也有一些讨论或者小组活动环节，最终落脚点还是理论的阐述。不仅如此，由于课程本身的严肃性，学生们来上思政课也往往表现得很严肃，也许是因为大班教学人数比较多或者对于理论的敬畏，学生参与课堂讨论远不及专业课那么积极。"慕课"依靠技术手段隐去了面对面的"尴尬"，采取边看"慕课"边在旁边讨论框讨论或者弹幕参与讨论的方式，可以使学生在上课的过程中有任何想法都可以畅所欲言，在一定程度上实现了学生为中心。

其次，教学主体的转换。传统的思政课有着明确的大纲和教案，教师以其理论储备为学生灌输传播理论知识。在教学中，教师以传授为使命，顺带解决学生一些问题。如果学生并不提问，教师则很难了解到学生理论知识的掌握情况。"慕课"由于技术的引入，教师在线边讲或者边讨论的同时，学生的各种问题可以即时反馈至教师，教师结合学生的反馈情况，灵活改变课堂教学内容，或者结合当下社会热点，学生希望多听，教师就可以安排后面的教学进度多讲，有的问题学生可能手里有更好的佐证资料也可以在"慕课"系统上共享，真正做到以学生为主体，改变了思政课教学的"供给侧"，提供学生需要的内容。这种主体的转换也改善了学生和教师的人际互动。

最后，培养目标的差异。传统的思政课认为，课堂除了传播理论知识、帮助学生树立理想信念和"三观"等以外，还要提升学生的人格魅力，这种提升是和老师的身教、引导和感化不可分割的。"思政慕课"在理论传授、立德树人等"言传"方面的教育上是丝毫不落后的，但是缺乏一种"身教"的平台。"身教"是需要面对面接触形成的，并不是隔空的电脑、手机或者技术手段能进行的。

2. "慕课"与传统网络公开课

"慕课"是不同于传统网络公开课的，虽然这两者有一些相似之处。"慕课"是一个完整的教学过程，一种与融媒体和"互联网+"融合的教学方式，但是传统课堂的环节"慕课"丝毫不会缺少。在线进行课程的同时，正常教学环节中的课堂讨论、课堂交流互动、课堂问答、课后作业及测验一个都不会少。"慕课"建立起一套系统完备的学习过程管理、质量监控、成绩评价体系，作业通常采取主观题教师在线评、客观题机评的模式，成绩由课堂参与在线听课以互动、课后作业和期中、期末测试等组成。而网络公开课仅仅是录下来上课的一部分实况，以便更多的人在其他时间观看"录像"，其他人再看到的就是"录播"而非"直播"。

3. 高校"思政慕课"构建之路径

（1）充分发挥公共图书馆在融媒体大数据时代的作用

"思政慕课"就是融媒体互联网时代和主阵地、主旋律的思政课的有机结合。在融媒体时代，人人有终端、处处可上网、时时有连接、物物可传播。图书馆在融媒体时代起到信息源的作用，应当对接当前"思政慕课"，将图书馆中关乎人类智慧结晶的馆藏资源用于"思政慕课"中，比如将传统文化诸子百家的馆藏资料用于"思政慕课"中的中华民族传统美德的部分；将抗日战争、解放战争的馆藏资料用于"思政慕课"中弘扬中国革命道德部分，或者在课堂中加入相关联的图书馆或者电子图书馆资料链接。其中，高校图书馆在"思政慕课"中发挥的作用是精英教育的模式，其教育对象主要为大学生，而社会公共图书馆则在"思政慕课"中发挥大众教育的模式，主要针对社会公众或者全民思政教育。

（2）增强学生"思政慕课"的获得感

思政课本身的特点在于其与现实紧密相连，承载着将重大理论创新传播给学生，武装学生头脑的作用。然而，这些"大而严肃"的内容与学生碎片化、娱乐化、融媒体化的阅读方式是具有冲突的。这就需要"思政慕课"在传播好这些理论的同时，关注如何有效传播。"慕课"借助互联网或者移动互联网，已经从形式上使学生放下了被"说教"的戒备心理，如果再借助"慕课"中的视频加入一些动画或者访谈的形式，学生们从"思政慕课"学习中觉得切切实实获得了生动形象又有用的理论，学生的"思政获得感"就会增强。比如 2018 年 5 月是纪念马克思诞辰 200 周年的日子，在很多融媒体公众号中出现了接地气的宣传马克思的内容，而且还配有网络语言的表达方式和一些卡通图，如求是网公众号的《如果马克思穿越了……》和《马克思是对的》、人民网公众号的《给 90 后讲讲马克思》等。学生们既愿意看，看后又增加了对马克思主义的了解。如果一些马克思主义基本原理"思政慕课"能够加入这些素材，配有具有理论功底教师又符合学生话语习惯的讲解方式，就必然会增强学生对这门课的"获得感"。

（七）搭建精准化教学平台

大数据的核心价值在于用数据本身的逻辑过程揭示规律、研判趋势、提供方案，从而实现价值变现。加速大数据在高校人才培养工作的植入，是探索思想政治工作协同育人自我发展路径的需要。高校大数据教学平台依托学生信息数据库、用户画像系统、智能评价与反馈系统支持，体现数据收集与验证—算法建模—内容供给—学情反馈的运行逻辑和管理思路。搭建高校思想政治工作大数据精准化教学平台，主要运用大数据实时记录、精准分析、高速运算、自主智能的特点和优势，为教育教学提供先进的技术载体和手段，从而更好地协同主体、资源、平台同步运转。数据抓取和采集是教学平台运行的第一步，高校可以借助摄像头、传感器、电脑等设备，用大数据抓取、语音识别、图像识别、物联网等技术实时采集、追踪、记录大学生网络访问和交互信息、面部表情、语音语调、姿势行为等各项数据和指标，将采集得到的异质非结构化数据进行清洗、提取、解析、转换、验证，再将处理完的数据根据预定设置的标准和路径生成学生个体"数据仓库"，无数个"数据仓库"排列组合构成学生信息大数据系统，被存储的数据构成大数据精准化教学平台服务模型的原初资产和基础性支撑。大数据的本质就是个性定制、精准服务，学生数据被精准分类、快速整合后，基于关联分析和聚类分析，思想政治工作大数据系统快速锁定大学生所有相关信息词条，用个性化标签的集合构建大学生用户学习画像和可视化模型。这样，教师从用户画像中洞察出不同年龄层次、不同专业类别的大学生学习习惯、兴趣、偏好、规律、需求的差异性和特殊性，科学研判其思想和行为发展趋势，提供与之相适应的教学环境、视频、课程及配套PPT等教学设计，凸显网络资源的思想道德教育价值效应，形成在线学习与课下学习模式良好对接、互动、平衡关系，在大学生个体的纵深发展上实现个性化地挖掘。高校要完善大数据教学平台教学评估模型设计，通过对学生不同课程表现数据的同步跟踪、切换、查询，数字化掌握大学生学习进度，基于大数据算法模拟和计算公式，从各项量化指标变动感知学生行为、心理、情绪的多维度动态变化，自动检测大学生学习效果，生成学习报告，协助教育者对思想政治教育教学效果进行反馈，针对性地给予学生个体"个性化"学习纠错指导，让教学表达与学生需求协同联动，更有效地引导大学生的思想发展、价值形成与素质提升，提升思想政治工作的科学性与实效性。

（八）借助现代化的教育媒介

随着科学技术的不断发展，互联网构筑的网络世界成为高校学生课余生活大部分时间的主要场所。电子技术的发展同样为传统的教学活动提供了新的手段，并且为教育现代化的实现提供了便利。针对当今高校学生对于计算机和网络世界频繁地使用程度，在高校思想政治教育的授课中可以利用好这些现代化的科学技术和媒介来传授课程内容和儒家思想。

"师者，所以传道授业解惑也"，在当今知识信息愈发开放的今天，对于一些问题的解答并不都是出自专业的学者，而是人人都可以为"师"，人人都好为"师"，他们给出的答案大多是主观的臆想而非专业的论断。当代的大学生喜欢利用"百度知道"之类的网站在线提问，针对这种现状，高校思想政治教育学科应该建立专门的网络平台，组织一批专业知识过硬的教师团队，及时针对高校学生的提问进行答疑解惑，避免他们受到网络上不正确思想的诱导。同时，应当建立专门的网上宣传阵地，对各种群体进行传统文化知识的普及。在线上平台的建设过程中，应当格外注意避免空洞、刻板和理论式说教的模式，注意到网络灵活多变的特性，采取受学生喜欢的风格和形式，多借鉴一些成功的案例，例如《百家讲坛》等节目形式，甚至是采取播放一些有正确价值观，能帮助阐述学科教育目的的电影、电视剧来吸引在校学生，并通过详细的解读来引导他们感悟到其中的道理。例如电视剧《大宅门》《乔家大院》都取得了不俗的口碑和很高的收视率，其中蕴含着孝文化、商业活动中的信义精神、爱国主义思想等丰富的文化精神，对于高校学生来说，既是视觉娱乐的享受，更是一种道德情操的陶冶。

此外，有许多社会组织热心于弘扬中华传统文化，有的组织专门制作了"中华德育故事""圣贤教育改变命运"等教育视频，这些视频富有艺术性和趣味性，又包含了经典理论，通过耳熟能详的名人轶事和圣人语录，深入浅出地将儒家道德精髓娓娓道来，在思想政治教育中如果能利用好这些新媒体，一定可以起到事半功倍的效果。

（九）加强 PAK 协同育人模式的应用

新时代背景下，高校要充分发挥好协同育人的作用，加强 PAK 协同育人模式的应用。所谓的 PAK 协同育人模式是指在协同育人背景下，重视对学生健全人格的培养，重视提高学生的综合能力，将专业知识有效传授给学生，这也是当前高校的主要教学任务。高校可以加强对网络课堂的建设，借助网络课堂将课内教学延伸到课外，教师与学生随时都可以通过网络课堂分享思政教学资源、探讨相关问题等。在网络课堂上可以设置留言模块，学生可以随时在留言模块上提出在学习思政过程中遇到的问题，也可以提出在生活中遇到的问题，求职过程中存在的疑惑等。教师可以随时浏览学生提出的问题和疑惑，并且及时回答，充分掌握当前学生的思想发展动态，更好地结合学生的思想现状，调整教学内容和计划。比如，专业教师可以使用"思政＋专业"的模式融入思政教学，借此正面引导学生，开展更加有效的思政教学。比如，疫情防控期间对人们的生活和工作造成极大的影响，一些学校通过直播的方式开展教学，教师可以将疫情防控作为一项教学资源开展教学，借此增进学生对于医护人员的尊重，激发学生的爱国之情，培养学生战胜困难的决心等。

（十）借助网络新技术，开展翻转课堂

传统思政课堂的教学逻辑表现为"教—学—考"的循环往复，其优势在于能系统、完整地讲授马克思主义理论体系，教育者可以通过透彻的说理、魅力的讲解使课堂富有感染力、凝聚力，可以收到较好的教学效果。

而翻转课堂的教学逻辑则为"学—教—行"。这一全新教学逻辑,保持了传统课堂教学的优势,也通过教学流程的翻转,更好地发挥了学生的主体作用。因此,高等院校思想政治教育课程应用翻转课堂契合了网络时代特点,注重在线资源的选择与及时更新,更加贴近生活、贴近现实、贴近学生,令思政课教学更富有亲和力,使思政课堂"亲"起来。"以学生为中心"的教学理念也打破了传统教学模式下学生被动学习、消极学习的状态,充分调动了学生积极性、参与度,形成师生互动、生生互动的高互动课堂,使思政课堂"动"起来。但是翻转课堂的缺陷也很明显,具体表现在要求师生投入更多的时间与精力。从教师角度看,教学资料的准备、学生学习情况的分析、学生主观报告的批阅、信息技术的提升、在线资源的更新等都要付出更多时间和精力,如果没有持续的教学改革热情,以及适时合理的激励政策显然难以坚持。从学生角度看,由于受到长期被动学习的影响,部分学生存在学习惰性和抵触心理。

以"翻转"为模式,以"混合"为手段。这是关于在"应用导向"理念指导下,顺应时代潮流,利用新技术,"翻转"大学思想政治课堂教学理念和教学设计,实施线上线下混合式教学,以应对教学目标与教学资源之间的矛盾,确保学习质量和学习效率的问题。利用新技术开展在线学习,符合年轻人的学习习惯,顺应新时代的发展潮流,更是目前大学思想政治教学在学分降低、课时减少的背景下,充分发挥学生的学习主动性,充分利用课外时间、碎片化时间,根据每个学生自身不同的学习基础、学习策略、学习习惯、学习能力进行个性化的自主学习,以保证学习容量和学习强度,提升学习质量和学习效率的必由之路。大学思想政治教学"翻转课堂"模式是从传统思政课堂教学"先讲解、再操练、最后运用"这样先学后用的教学顺序和课堂活动设计思路,转变为先用后学、边学边用,体现"以用促学,学以致用"的教学理念。线上线下混合式教学要利用线上自主学习,把理论知识性内容更多留到课前和课后,同时精心设计科学有效的课堂活动形式,既保证学生课前课后输入性、理解性训练的时间和强度,又大幅度提升课堂表达与交流的容量和人均机会,更多注重对学生实践能力的培养。

二、构建家庭、社会、学校联动育人体系

（一）加强家校联系，开展良好的家校互动活动

家庭的影响对大学生的主流意识形态发挥一定的作用。家庭教育作为兼具双重属性的一种行为实践，既具有尊重人的天性成长的自然属性，也有引导人的行为符合角色规范的社会属性。家庭成员之间具有特殊的、独有的黏合方式和情感联系，能够基于亲情感化、言传身教、心灵沟通、生活互动、角色配合等方式，强化大学生的家风家训、亲情观念、敬老爱小、邻里关系、人格、性格、习惯教育。

如今高等教育的普及，以及教育的公平发展，使得在同一所高校同一间教室就读的大学生来自不同的地区、不同的家庭环境。有的学生的家庭比较注重对子女的意识形态教育，其父母本身对主流意识形态就很认同，这样的家庭氛围影响下的大学生一般不会出现意识形态认同危机。比如2018 年 7 月中旬，天津科技大学校长收到了一封来自甘肃省清水县边远山区 42 所中小学校长联名发来的感谢信，主要是感谢该校周钰城同学 18 年来坚持扶贫助学奉献爱心的感人事迹。探寻周钰城 18 年的支教历程，我们发现，周钰城的爷爷周振明对他影响很大。周爷爷是正县级退休干部，曾经从事甘肃清水地区对口帮扶工作，周钰城从小就听爷爷讲述老一代人艰苦创业的经历。在爷爷的深厚家学影响下，周钰城坚持了十几年爱心支教的道路，新华网、北方网、今晚报都曾报道过他的爱心事迹。然而，也有些大学生并不具备这样的家庭环境，其家庭成员本身就被一些负面的东西影响，家长由于其个体人生经历或者是一些主观偏见，缺乏对主流意识形态的认同，也会阻碍其子女的主流意识形态的形成。而这对大学生的思想政治教育工作效果呈正相关关系。

1. 开展家校共育

家庭作为大学生生活和实践的重要场所，其成员对该课程的态度影响着大学生对此课程的认知。良好的家庭认同氛围的构建可以以"润物细无声"的隐性教育方式引导着大学生对此课程的认同。

奥地利著名的人本主义心理学家阿德勒认为，幸福的人用童年治愈一

生，不幸的人用一生治愈童年。学生在进入学校接受教育之前，家庭教育已经在他们身上留下了深深的烙印，这些烙印也许有利于学生的道德发展、人格完善；反之，则不利于学生的成长。而这些家庭教育的信息需要思想政治课教师与学生家庭进行深入的沟通交流才能更加全面地掌握。因此，思想政治课教师可以通过实地家访、电话沟通、开家长会等形式与学生家长进行信息交换，制订更完善的学生德育计划，促进学生的健康发展。

家庭教育对子女具有得天独厚的亲和力和深远持久的影响力，因此，家长要注重家庭教育环境的构建，以此为子女的健康成长创造良好的家庭环境，具体可以从以下三个方面来努力：其一，家长对高校思政课程的态度是子女正确定位此课程地位的重要参考因素，因此，家长要改变传统观念中思想政治课程是"副科"、学不学无所谓的错误观念，树立正确的成才观，正确认识和定位此课程在子女德育培养和能力提升中的重要作用。其二，大学生对事物和行为的辨析能力还有待提升，非常容易把家长的言行作为他们模仿的对象，因此，家长要严格要求自己，以身作则，给子女的道德培养做好道德示范。其三，建立家长、学校、教师沟通机制，及时掌握和熟知子女的思想状况和行为表现，一旦发现问题，通过双方共同努力，及时帮助子女纠正错误观念和行为，保证子女沿着正规的路径前行和成长，同时也能通过这种方式让子女进一步感受到家长对该课程的重视，提高他们的学习动力。

2. 完善学生家长的监督权力

协同育人一定要实现权力的监督监管，保障权力不滥用。某些时候，人们讨厌权力，是因为许多拥有权力的人在运用权力的时候违背了公平公正的原则，打击了人们的信心。协同育人系统中，学校党委、职能部门、教师个体都拥有一定的权力，他们是否参与协同育人，协同积极性如何，协同工作参与度如何，协同效果如何，这些都需要有人监督约束。因此，完善的协同结构应具备监督监管的功能，借助学生、家长等的外部力量，无形中给权力拥有者压力，促使他们主动参与协同育人工作，让权力在正常范围内使用，更加透明，更加公正。

（二）拓展社会实践，开展和谐的社会互动活动

1. 拓展社会实践

无论是价值观念、必备品格还是关键能力，都将在社会实践中得到检验并不断发展完善。比如，厚植爱国情怀是思想政治课的重要功能，大学生和高校教师既可以在教师环境中开展教学活动，深化学生对祖国的情感；也可以带领学生祭拜革命烈士、参观战争博物馆等，深入了解国家曾遭受的苦难，更真切的感受革命先烈的大无畏精神，树立为国奉献一生的志向。因此，根据教学内容需要，适当地开展社会实践活动，充分利用当地的教学资源，加强学生与社会的互动，有利于拓宽学生视野，深化学生的乡土情怀，培育学生的爱国情感。

在社会实践中，社会风气的好坏在很大程度上对思政社会实践效果产生了影响。社会风气和社会环境的好坏影响着大学生对高校思政课程的认同，因此，国家、社会和各个部门要协同努力，共同为大学生养成过硬的思想政治素质和正确的价值观念提供一个良好的社会认同氛围。具体可以从以下三个方面来着手。

其一，净化社会不良环境。首先，针对目前社会上出现的贪污腐败、非法经营和网络乱象等社会问题，党和政府要进一步加强廉政作风建设，严打行贿受贿、贪污腐败现象，完善法律法规和多途径监督机制，打击违反诚信经营、偷税漏税等犯罪行为，加强对网络的监督和管理，以赢得大学生对党和政府的信任，进而增加他们对该课程教材内容的认同。其次，针对严峻的就业形势，党和政府要在想方设法增加就业的同时，进一步贯彻落实"大众创业，万众创新"政策，鼓励有意愿的大学生进行创业，并给予他们最大限度的政策和资金支持，以缓解就业压力。最后，针对不良思想的侵蚀，党和政府要进一步加强国家意识形态安全防范意识。

其二，用人单位注重对应聘大学生思想政治素质的考核，将他们在大学期间的思想政治素质表现情况及鉴定评语作为决定是否录用的重要标准，促使大学生重视该课程，增加他们学习此课程的外在动力。

其三，党和政府要加强对报刊、影视和互联网等大众传媒的管理，并充分利用大众传媒传播速度快、覆盖面积广的特点，加大对社会主义核心价值观和体现社会正能量的人和事进行宣传，以正面人物和先进事迹传递

正能量的效果，进而形成良好的社会风气和社会德育环境。

2. 要建设协同互助的校外队伍

通过建立校企战略合作网上协议，构建同步、智能、交互的产、学、研三位一体育人网络，为学生学习、实习、就业搭建大数据网络平台，共建"创客空间"、孵化园、实验室、联合培养实验班等项目，加强人才培养、科研项目、技术攻关深入联合，结合企业科普实践、技术创新、文化价值、发展历程、创业名人、行业模范，强化大学生思想价值观教育。大数据背景下校企协同育人要重视大学生分类定制培养，统筹大学生理论和实践、校内与社会、第一课堂与第二课堂多种教育资源，共享优质数据、智库、平台、技术、行业、资产，促进课堂育人与实践育人在内容、作用方式、效果等方面的反馈互补，创造性地把高校思想政治工作与行业领军人才需求进行精准化的前端对接，让理论与实践在校企合作中"打结"，全方位培养大学生思维创新、实践技能、专业素养、学科兴趣、团队精神、社交方法、求职技能、职业规划意识、应变能力等。最后，构建学校政府协同育人队伍。政府对高校思想政治工作既有"管""引"的责任，又有参与、协助、配合的义务。在全球智能、创新、颠覆、互联、开放的大数据浪潮下，政府应当加快健全数据开放、共享、安全标准体系，建立政务数据与高校思想政治工作的多联结通道，将黏性强、契合度高、价值大的数据向高校开放，加速有效数据在思想政治工作中的传播、转换。同时教师和政府人员要通过政策协商、决策分享、监督联动、评价共识、方案共建、责任同担、对象共教建立工作契合点，为大学生提供基层挂职、顶岗实习、支教扶贫的专业化、精准化对接服务，既要发挥好政府对高校思想政治工作的引导、管理、监督、调控、激励作用，又要运用政务工作的专业性、严谨性、服务性育人育心。

3. 构建社会实践与创新创业相融合的实践体系

社会实践和创新创业同是大学生融入社会、认识现实、培养社会责任感、创新思维、发现新知的重要途径，是马克思主义认识论在当代大学生身上的鲜活体现。大数据时代促进高校思想政治工作实践育人转型与适应，要发挥数据"催化"作用，加快社会实践与创新创业在目标、思维、过程方面的融合，使二者从内在机理到外在形式形成"默契"，建立体验式、感受性、综合性实践育人体系，让大学生在"学"和"用"的统一中成长成才。高校组织大学生参与社会实践活动在于通过"知"与"行"的转换和迁移，把理论思考转换为行动自觉，在身体力行中提升理论认知，将其深化为自身的价值标准和道德准则。高校鼓励大学生创新创业旨在发挥大学生自身在创新创业项目中的创造力、自主性、事业心，强化大学生的敢于创新、积极进取、自力更生、终身学习的观念意识和能力。从本质上看，社会实践和创新创业目标的共同性在于实现大学生理论解释实践与实践升华理论的双向驱动，促进知行统一。大数据视阈下，高校思想政治工作协同育人要深刻认识社会实践与创新创业育人目标的共生性联系，立足于大数据时代高校实践育人的基本要求，在社会实践目标中融入大学生创新意识、知识、能力、人格培养要素，注重实践教育与大数据、云计算、5G、人工智能等新科技生态协同。同时视大学生创新创业为社会性和科学性实践活动，将拓宽专业知识范围、提升认识与服务社会的能力、强化社会责任感等培养内容，融入创新创业育人的目标体系。

随着大数据在高校思想政治工作中嵌入加深，高校应当进一步促进社会实践与创新创业在思维上的融合。例如，引导学生实践部、校共青团委、就业部门、学生社团、创业指导中心的负责教师要主动将大学生社会实践与创新创业看作实践育人的一体两面，有意识强化社会实践与创新创业在主体、内容、信息、资源、活动、平台、评价等方面的协同，依托大数据、新媒体、互联网创新实践育人协同服务形式。高校要有意识培养大学生跨界学习的思维意识，要在社会实践与创新创业的统一中增长才干、服务社会，更要向探索精神、大胆革新、敢于批判、追求创新等人格特质的养成迁移。社会实践与创新创业作为时间意义上的可持续性活动，促进两者在过程中的融合至关重要。在活动过程中，高校要与企业达成合作关系，坚持生产活动、志愿服务、基层锻炼、调查实验与创业发展、科技发明相结合，设立社会实践与创业联合基地、研修基地、众创空间、示范项目、前沿工程等。教师应基于大数据模型分析和情况预判，编制社会实践与创新创业计划和操作规程，分类定制社会服务与创新创业双向指标为一体的学习任务、管理体系、考核体系，强化大数据在实时考核、大学生实践成绩测评和创新表现中的应用，并开展个性指导，从数据应用中提升实践育人创造力和创新力。

4."中国梦"思想为依托，展开实践教学

（1）培养学生用中国梦的思想、方法发现问题、思考问题

将社会作为思政教育资源的来源，重视社会调查活动，使广大学生能够在深层次的社会调研当中了解国家变化，使高校学生能够自觉运用中国梦的思想观点深入剖析、发现及解决问题，坚定"四个自信"，同时也让人生理想和信念更加坚定执着。

高校在智力及人才等方面具备天然优势，要切实发挥这样的优势，激励高校学生主动投入社会调查实践当中。为了保证社会调查活动的实践效果，必须不断提升企业实效性与科学性，特别注意在这一过程当中涉及国家在经济、社会、生活、科技、文化等方面获得的发展成果的主题，使广大学生能够认识到改革开放推动了国家与社会的巨变，更让学生坚信中国特色社会主义道路符合中国国情，是科学性的发展道路，因而要坚定"四个自信"，提升对中国梦的认同感，并主动积极地投入中国梦的实现过程中。同时做好中国梦实践教学的前期准备工作，尤其是加强对高校当地的人文教学资源的收集、利用。通过当地的人文资源，提升高校思想政治实践教学效果。例如，合理使用高校当地的博物馆、红色文化资源（革命根据地、纪念馆）等人文资源，并将这些人文资源作为实践教学载体融入高校思想政治教学之中，在当地人文资源的教学环境下，中国梦不再是遥不可及的"梦"，而是切实存在。除此之外，为了保障高校中国梦思想实践教学的开展，高校还应当加强对实践教育基地的建设，以此为社会调查的有序开展创造有利条件。大学生在社会调查过程中，不仅参与了社会实践活动，学生的应变能力和为人处世能力也都会得到不同程度地提升。

（2）突出大学生个性特点和现实需求

高校要重视社会实践，与此同时，使其和专业学习彼此渗透和有效整合，助力学生综合素质提升。学校教育需要将理论知识传递给学生，有效扎实学生的理论学习基础，要让学生获得丰富的理论知识，并在这一过程当中发现新知，都必须依靠实践。这也是促进学生综合素质提升不可或缺的条件。通过对古今中外教育家的教育理论和实践行动进行分析，能够发现他们拥有一个共性，那就是都重视实践，并注重发挥其教育功能。早在两千年前，我国伟大的教育家孔子就给学生提出了要求，要求他们增长见闻，于是带领学生周游列国，让他们能够在游学的过程中丰富生活体验，

提高处理各项事务的能力，以便实现知行合一及学以致用。随着时间的推移，人们对实践教育产生了很多的新认知，也进一步确定了实践教育的价值。将课堂上学习到的理论应用到实践当中，成为学生参与社会实践的理论指导，成为当代教育不可或缺的组成要素。这样的教育方法能够增加学生与外界的联系，完善学生的个人品格，与此同时还能够提高学生的自主能力和集体观念，让他们对社会道德、经济价值等概念的认识更加深刻，也让他们能够在接触劳动者和深入社会实践的过程当中形成尊重劳动者的正确思想。实践教育能够促进学术科研和思政教育的高度整合，成为二者的结合点，而这也要求高校能够将课内外联系成一个整体，充分利用好两个课堂，让学生在实践中进一步萌发和强化热爱专业的观念，不断充实自身的专业理论知识及实践技能，明确自身作为建设者和接班人要承担的社会职责，为中国梦的实现做出积极贡献。

（三）优化学校教学，开展高效的思政育人活动

1. 加强高校对思政教学的重视程度

国家和高校对高校思政课程的实际重视程度直接决定着此课程的建设进度和效果。

（1）加大对其专职教师队伍的培养力度

其一，国家目前虽然已实行了此课程建设情况抽检和评估制度等，但正在实施的监督制度满足不了对各高校该课程建设的真实情况进行全面了解的需求，国家及相关部门应该进一步拓宽监督渠道，丰富监督途径，如将听取正面汇报与随机核查、明查和暗访、事先通知听课与随机听课相结合等。多途径、多方面的监督有利于全面、真实地掌握高校思政课程的真实建设情况。其二，加强高校思政教师队伍的建设，尤其是师范类高校和该学科的硕士生和博士生的培养，为满足高校对专职教师的需求提供保障。其三，国家或地方相关部门要充分发挥自身在协调各高校共享此课程教育资源方面的独特作用，使该课程教育资源作用最大化。针对此问题，国家或地方相关部门要积极探索教育资源共享模式，并做好监督工作。在这方面，作者认为可以借鉴北京市的做法：开设市级高校思政课程——"名家领读经典"，这样既可以充分发挥理论学家的号召力和吸引力，使北京市的教育资源作用最大化，也可以激发大学生学习经典的自觉性，进而

有利于提升大学生学习此课程的积极性。

（2）加强高校对思政课程的重视程度

原教育部部长袁贵仁在 2015 年 12 月份召开的全国思政课建设工作会议上强调了思政课程的重要性，但部分高校仍然只是在大方向上按照相关要求来建设此课程，未能把许多细节性的问题真正落实到位。鉴于此，高校应该从以下几个方面来落实细节性的问题：其一，招聘满足教学需求的教师数量，严把质量关，改变现有"大班教学"模式，实行"中小班教学"模式。其二，加大投资，配备足量的现代化多媒体教学设备，同时加强对教师进行现代教育技术培训，确保每位该课程教师都能熟练操作现代化教学设备。其三，纠正相关部门及领导对高校思政课程价值的错误认识，合理安排其上课时间。上课时间安排要尽量符合学生学习能力的变化规律，尽量安排在学习效果较好的上午进行，以进一步提升此课程的教学效果。其四，高校及领导要准确定位和认识实践教学的地位和作用，把实践教学真正纳入正常的授课过程。实践教学是一种涉及学校多个部门的教学方法，需要各部门给予支持和密切配合，因此，高校及领导要督促教务处、财务处、后勤处和保卫处等相关部门积极配合实践教学，并提供足够的经费支持。此外，要积极创建校内外实践场所和基地。充分运用学校的资源，创建校内实践活动场所，如建立模拟法庭，方便大学生进行模拟庭审等；要加强与社会相关单位的合作，建立大学生校外实践基地，选择实践基地时要综合考虑单位性质、工作人员素质等因素，以免对实践效果产生负面影响。

2. 建设和发展校园文化

（1）高校校园文化的作用

①能够塑造学校的良好形象

一所学校的形象展现，对于学校外的公众来说，不仅会通过对学校的表面观察，还会去感知这所学校的内在精神和文化感知，以此确立这所学校在公众心里的形象。因此，校园文化作为学校的内在精神和文化的集合，其中的一些优秀人物形象及一些标志性建筑，都对公众乃至全体社会发挥着很强的示范作用。例如，包括教师和一些名人，以及校园内的各种书画展、水墨画展，特别是历史名人雕塑、碑亭等文化景观。和谐的大学校园文化可以塑造学校的良好形象，提高学校的声誉和知名度。

②能够对学生起到教育和导向作用

我国对高校校园文化的基本要求是必须要体现健康向上、生动活泼的内容。这是因为健康向上、生动活泼的校园文化能够对全体大学生和高校教师员工的思想觉悟和认知能力有所提高，进而塑造和培养其美好的心灵。现如今，每个人身处的工作环境、家庭环境和社会环境不同，这就会对他们的人生观、价值观及世界观造成不同程度的差异性。再加上如今全球化趋势，市场经济的冲击，信息时代到来给全体社会成员带来了各种各样的信息的同时，也使其受到了一些低俗文化思想的负面作用，随之也出现了一些不好的现象。因此，这些都需要发挥校园文化价值取向的导向作用对其进行引领，启迪着他们的思想行为，从而使其树立正确的人生观、价值观、世界观，这强烈地体现了校园文化价值取向的导向功能。

③能够不断提升高校本身的文化品位

对于学校来说，其校园文化品位主要会在学校的办学理念、学习氛围、学术水平、管理氛围、校风等方面体现出来。学生在校园里最能够体验的就是学校的文化品位，学校所展现出来的文化品位越高，就说明学校的水平越高。并且，文化品位会构成一种无形且强大的力量，在学校的方方面面渗透开来，潜移默化地影响着全体成员的文化品位，对其产生一种其他专业课程无法比拟的、深刻的影响。因此，建设完善的校园文化，可以使学校的文化品位得到不断的提高。

（2）营造民主氛围

在校园文化中营造民主氛围，就是要让高校重大决策的透明度、公开性大大增加，大学生和高校教师应参与重大决策的讨论，并且广泛征集或采纳他们的意见，使大学生和高校教师的声音和意愿更好的在高校的重大决策中得以真实准确地反映；还可以建立学校领导与大学生和高校教师间的联系渠道，例如，实行校长网上接待日、设置大学生和高校教师监督岗、长期设立意见箱等，通过这些措施双方以充分交流意见，进一步激发大学生和高校教师的精神动力、主人意识与归属感。

同时，要按照民主的原则来组织具体的校园文化活动和社团活动，处理问题、解决事情也要通过民主程序，这样使学生的民主观念得到培养和培训练。民主氛围的营造，是大学生和高校教师在建设和发展校园文化中积极参与的基本条件，也是建设和发展校园文化，使其平稳推进的重要保证，因此，努力营造浓厚的民主氛围是必要的，大学生和高校教师精神世界的丰富也需要以此为依托。在建设和发展校园文化中要充分发挥大学生和高校教师的作用，鼓励学有专长的教师以导师身份参与到校园文化活动中来，帮助学生编排健康有益的文化体育活动，善于将传统节日、重大事件等元素融于其中，经常给予学生指导或建议，不断提高校园文化活动品质。与此同时，要增加这些活动对学生的吸引力和感染力，使越来越多的大学生愿意加入校园文化活动队伍里，这不仅可以让学生从中得到锻炼，还可以让学生的精神世界不再空虚，借以提升建设和发展校园文化的水平。

（3）建立健全校园文化设施

校园文化设施先进齐全，校园文化环境优美恬雅，为校园文化活动井然有序地开展创造了便利的物质条件，也标志着整个学校文化建设与发展的水平。因此，校园文化设施的建立健全和校园文化环境的构筑，是建设校园文化过程中不能遗漏的重要组成部分。高校要科学规划，加大有关方面的资金投入力度，使各类文化设施不断完善，如图书馆、校史馆、电教馆、实验室、音乐厅、学术报告厅、体育馆、计算机中心、博物馆等，利用这些场所开展具有不同意义又多姿多彩的校园文化活动，对大学生的精神文化生活需要加以满足，进而丰富他们的精神世界。

同时，还应对校园进行合理布局，在绿化、美化校园中形成自己独特的文化向心力，使大学生在一个共有的文化精神中学习生活。可以从对学生情操的陶冶和综合素质的提高视角出发，并结合高校自身发展的历史变迁情况，搞好校园景观建筑、建设好园林绿化、装饰好教学楼等地，让整个校园散发浓厚的人文气息、充满青春活力、愉悦身心成长，成为一个既美观舒适又和谐宁静的校园生活圣地，用这种静态无言的方式感染和影响着每名学生，从而达到"无声胜有声"的育人目的。

（4）加强校园网络文化建设
①引导学生正确利用网络文化

所谓的引导也就是启发诱导，是指教育者运用"提出问题—分析问题—展开讨论—统一思想"的思路，引导受教育者积极运用头脑进行思考，并通过思想碰撞和比较分析使受教育者学会透过表面现象探究事物内在的必然的联系；通过对事件正反两方面的解析使教育对象学会用全方面、多角度的方式来看问题，能够在面对诱惑时保持谨慎，面对挫折时勇往直前；通过开导受教育者改变原来狭隘短浅的认识，学会在看待问题的时候使用全面的、发展的、联系的观点，来开启受教育者的视野，拓展其思维；通过用已知的事实作为依据，使受教育者认识到不良思想导致的严重后果，以达到放弃原有的错误想法、从而走向正确思想轨道的目的。

众所周知，大学生的可塑性是非常强的，当某一新事物出现时，或接受或排斥，他们都能以最快的速度做出选择，而且以超强的驾驭能力去适应它。在当代校园里，大学生通过 MSN、QQ、微信等网络通信平台进行相互沟通，发表一些对时事和热点的个人观点。又通过网易、腾讯资讯等网页了解当下所发生的时事要闻，随时关注学校和社会的发展动态。由此可以看出，网络资源的丰富和获取信息的便捷，确实推动了社会的进步和高校校园文化的建设，但是它所带来的某些错误文化也在侵蚀大学生的身心。因此，高校专门设置网络课程，并成必修课，教育引导学生正确利用网络文化。利用网络文化培养大学生的自立和创新精神，帮助他们正确了解、客观分析他们所处时代的环境和背景。大学生也通过网络上及时而丰富的信息资源，开阔视野，提高参与社会事务的管理能力。

②培养校园网络文化建设的管理人员

网络迅速发展的社会背景下，培养一支具备较高政治理论素养，且精通高校思想政治理论课传授工作、网络技术的校园网络文化管理人员，是利用网络文化开展传授工作的保证。传授主体需要积极参与理论学习、实践锻炼，从而使自身具备较强的信息分辨意识、高超的信息处理能力、高尚的信息伦理道德，增强自身的信息素质，使自身符合校园网络文化建设管理人员的要求。

③以马克思主义为指导进行网络文化建设

校园网络文化建设应坚持以马克思主义科学理论为指导，坚持正确的价值引导。教育者在网络工作要坚持教育和引导的正确性，积极宣传党的正确方针政策，在国内外大事描述和评论上、对西方社会思潮的辨识上坚持道德底线、法律底线、政治底线，并致力于弘扬优秀的民族文化，使得受教育者在这一系列的高校思想政治理论课活动中进一步树立民族认同感和自豪感，提高自身的思想素质，提高接受效果。

④搭建高校思想政治理论课网络文化体系

加强网络服务于活动的功能，必须做到以校园网页为主体，各部门的特色网页为基础，构建全方位、立体化的网络文化体系，通过"新闻专题""时事政治""红歌点播""主题活动""名家点评"等栏目，建立积极向上的校园网络文化氛围，增进受教育者对校园网络文化的关注，并以此为基础及时报道高校思想政治理论课接受活动最新动态，积极引导受教育者参与其中，将校园网络文化与高校思想政治理论课活动相融合，润物细无声地进行传授活动。

⑤加强校园网络资源的管控力度

要保证校园网络资源的"纯洁"，不被不良思想所"玷污"，高校应设立专门的岗位对网上各种信息进行筛选、整理，重视网络体系的日常维护，从而推动网络管理体系的健全发展，同时，努力建设一支整体素养较高的网络管理队伍和评论员制度。而对于网络管理员的培养，要着重选拔一批熟悉新闻宣传，网络技能的人才，担任网络管理的人员。这些管理员对信息的采集质量，直接关系在校成员对当下时事的变动情况的了解程度，以便能够与时俱进地进行教学目标的制订和个人综合素质提高的方向。

3. 优化校园运动休闲区的环境建设

运动休闲区是学生放松身心、缓解压力的主要场所。大学生除接受课堂教育、受教学区环境的熏陶外，大部分的时间也在运动休闲区活动。运动休闲区内的建筑布局、精神氛围、教育活动等环境要素，必然对学生的教育起着重要的作用。

（1）优化运动休闲区的空间布局

列斐伏尔在《空间的生产》中向我们表达了对于空间的看法，即空间不仅仅是社会关系变化的"容器"或"平台"，它还是文化的另一种表现形式①。据此，可以认为校园空间是校园文化的表现，或者说它就是文化。校园内的连廊和庄严的列柱也是对学生教育的一部分。无论是哪种类型，都必须以整体性和连续性为原则，进行空间环境布局的改造。整体性原则就是指在设计时应该有统一的思想精神，周围所有的环境布局都应该以此

---

① 亨利·列斐伏尔, 晓默.《空间的生产》节译 [J]. 建筑师, 2005 (5)：10.

为出发点进行建设，这样可以使学生更加明确学校所传递的思想精神。连续性是指思想精神在空间环境布局上的分布应该是连贯的，不能只在校园里的一个或几个地方体现思想政治教育精神内涵。教学楼的教室是大学生接受思想政治教育最多、最频繁的一个场所，我们应该在其他的校园空间环境中将其连续下去，可以是温馨有爱的宿舍、使人振奋的广场，也可以是宽敞整洁的小路、清澈明亮的湖水。因此，必须要优化运动休闲区的空间环境布局，既要体现校园建筑的审美情趣，也要体现时代脉搏，更要体现校园精神，使学生无论是在课堂内还是课堂外，都能受到环境教育的熏陶。

（2）完善运动休闲区的"教育链"

大学生的学习任务相对高中来说有所减少，这为学生参加课外活动提供了充足的时间。完善运动休闲区的教育链就是指学生通过对校园活动的深入了解和学习而形成的对该活动的进一步认识，从而形成一种情感上的认同，而不仅仅是停留在这场活动举办的表层意义上。因此，对大学生的教育要由无到有、由浅入深，使学生形成系统的、切实的思想逻辑。比如：学校举办足球比赛，大多数高校都提倡竞技体育，宣扬体育精神，但往往都忽略了足球比赛带给学生情感上和认知上的变化。作者认为一场足球比赛的真正作用在于育人，学生通过一次活动体会到的不仅仅是竞技场上的体育精神，更多的是对体育精神的延伸，最后落实到体育活动育人的角度，形成一个完整的教育链条，这才切实适合高校对学生的培养目标。当然，形成一个完整的教育链条需要校园活动的组织者做好活动前期和活动后期的统筹计划工作，为学生提供深化自身思想意识的机会和平台，比如组织学生进行赛后反思、邀请专家或专职教师进行专题讲座，使学生充分意识到每一场比赛背后所蕴含的意义，这样才能帮助学生树立良好的思想意识。

4. 餐饮起居区环境的优化对策

餐饮起居区是学生课后生活的主要组成部分，是学生思想政治教育的重要载体。餐饮起居区通过优化思想载体，组织文化活动，不但有利于推动大学生餐饮起居区文化建设，而且对思想政治工作的开展、学生凝聚力的提高有极大的推动作用。

（1）餐饮起居区设施要体现出思想载体作用

餐饮起居区环境建设投入到位是切实加强学生思想政治工作的基础，高校要高度重视餐饮起居区环境的改善。

首先，要重视"自然环境"建设，使楼体外部环境到内部环境都要保持清洁舒适。例如，楼外的绿化美化、楼内张贴的壁画标语或名言警句等，都能传递给学生不同层次思想信息的文化景观，这些都能营造良好的思想氛围，发人深思，助人自律。

其次，要重视硬件基础设施建设，使学生学习、生活更加便利和舒适，提高学生幸福指数。例如，改善室内家具设备，并提供洗衣房、医疗室、微波炉等配套设施，从实际生活中解决学生困难，给予学生便利，让学生在学校内感受到家的温暖，从情感上达到"润物细无声"的效果。

最后，要重视文化基础设施建设，满足学生在餐饮起居区内业余活动的需要。例如，加大学生阅览室、自习室等附属设施的投入力度，为校园文化活动向餐饮起居区延伸提供一定的物质条件，这不仅是思想政治教育的要求，也是学生自我发展和健康成长的需要。

（2）餐饮起居区要陶冶学生思想情感

餐饮起居区是校园思想政治教育的重要组成部分，餐饮起居区的教育活动既要紧跟时代潮流，把握时代脉搏，又要陶冶学生思想情感，紧贴学生生活实际；既要体现学校特色，又要保证形式丰富多样，这样才能满足学生日益增长的物质文化需要和精神需要。

例如，可以在公寓楼内开展大学生公寓文化节，包括感恩教育、团结互助等一系列主题活动，既贴近学生生活实际，又帮助学生树立正确的思想观念；可以围绕大学生关注的热点问题，举办演讲等，既能够让学生积极主动地学习，又能锻炼其表达能力；可以举办文艺演出，学生们发挥所长，在展现自身风采的同时也提高了自信；可以组织学生参加各种社会实践，积累社会经验，学以致用，自觉建设高层次的餐饮起居区文化。总之，餐饮起居区的活动要以学生为主体，以学生的思想情感为主线，以陶冶学生思想情感为目标，积极营造适合学生发展的思想政治教育环境。

三、思政与大学生党建工作协同育人

（一）思政工作与党建工作的差异

1. 本质内涵不同

马克思主义哲学在关于社会经济发展水平和政治制度、指导思想等内容的阐述时，提出了"经济基础和上层建筑"两个社会基本领域，在"上层建筑"中占主导地位的又为"政治上层建筑"，涵盖了"政治、法律、政党"等内容，而"观念上层建筑"主要包括"政治思想、道德、哲学等内容"。大学生党建工作涉及高校党组织管理和设立等内容，在马克思主义哲学中可以划分为"政治上层建筑"；而大学生思政的实施包括对大学生意识、思想、道德规范的引领和影响，因此可以被划分为"观念上层建筑"的领域。

2. 主体范围不同

关于二者针对主体范围的差异可以从工作内容、工作方式等方面论述。第一，思政工作面向全体大学生的社会实践活动，教育内容涵盖了党的基本理论知识和相关政治文化，不仅注重这些内容对大学生日常思想和行为的引导和内化，还必须结合实际情况遵循大学生的心理成长和个性成长规律，只有这样才能提升大学思政工作教学效果。而大学生党建工作由于其工作开展的严格性则更注重针对入党与即将入党的大学生，为此党建工作更加注重党的发展规律，也更注重上级党组织对工作的领导，以及工作环节的规范化，工作开展内容上的区别必然导致两者的主体范围产生一定的层次性和差异性。

（二）思政与党建工作的相互作用

对二者之间相互作用的研究，进一步明确二者逻辑关系的核心内容，在新时代高校协同育人理论提出背景下，对育人工作系统内部关键要素之间的相互作用进行研究，有利于实现二者的合作协同，从而为进一步研究二者协同育人时代价值和途径做出铺垫，二者之间的具体相互作用可以分为两方面内容进行论述。

1. 高校思政教育工作是大学生党建工作的核心

（1）高校思想政治工作是开展党建工作的重要途径之一

虽然在实际生活中二者涵盖的主要领域有所不同，但是在工作内容和过程中却有着千丝万缕的联系。高校思想政治工作作为连接中国共产党领导和高等教育的重要途径，无论是大学生积极分子、预备党员还是党员多数来源广大的青年学生群体之中，基于党建工作的严格性，高校党组织在吸收党员的过程中，必须对广大学生的政治作风和思想道德建设进行严格监督。

公开各项党建工作动态，引导并帮助大学生对党进行充分的了解，从而达到党的理论、方针政策对其言行举止的影响，经过对一系列思想政治教育成效的考核、筛选、吸收，拥有正确政治立场的合格大学生作为党的培养对象，增强党对于大学生各方面的凝聚力。

（2）高校思想政治工作是大学生党建工作的动力基础

一方面，在校大学生只有接受了思想政治教育才能在入党前对共产党有一个清晰、全面的认识。与此同时，高校思想政治教育工作的开展要求大学生"以德为先""德才兼备"实现全面发展，为大学生的发展提供了明确目标，营造了高校积极向上的学习氛围和风气，为大学生党建工作提供了开展动力。

（3）为大学生党建工作培养时代新人

高校思想政治工作的开展为大学生党组织队伍的建设提供了人员储备。高校开展思政理论课在很大程度上可以帮助大学生端正入党动机，实现真正地在意识上入党，为大学生党建工作的开展和对党员的培养打下基础。具体来说，如今的大学生因为社会经济发展水平的提高，生活条件和学习环境逐渐优越，自身的创新意识和能力也越来越强，他们所面临的社会问题也越来越复杂，新时代大学生作为社会生产力的主要组成部分对国家和党的发展都至关重要，他们通过在思想政治教育课堂上的学习，可以更加全面认识和了解党的建设历程和优秀传统，帮助自身树立正确理想信念和政治信仰，为加入党组织做好充分准备。因此对大学生进行科学有序的思想政治教育，是引导其行为和思想上的正确发展的直接途径，而高校思想政治工作的有序开展则是直接为大学生党建工作培养了时代新人。

2. 大学生党建工作为高校思政教育提供重要保障

第一，大学生党建工作不仅有利于推动大学生思政各项工作的开展，更为其科学长久地发展提供理论保障。第二，大学生党建工作为思想政治教育提供组织保障。中国共产党的一切意识形态工作均属于社会主义的性质，加强党建工作是为了稳固党的领导地位，而思想政治教育作为党建工作的主要开展方式，则属于社会主义意识形态教育，因此可以说正是有了党建工作的开展，思想政治教育才能发挥其意识形态教育的作用。一方面，高校育人事业的发展有了党的领导，高校育人工作的开展才有依可循，同时只有加强党的建设，高校才有能依靠党组织作为开展育人工作的保障。另一方面，通过大学生党建工作为社会主义事业不断培养建设者和接班人，不断为党组织注入优秀青年力量，有了优秀的学生党员和培养对象，青年大学生群体中就有了"先锋力量"和优秀榜样。

（三）高校大学生党建工作的时代新要求

中国共产党第十九次全国代表大会对党的章程做出的修改补充体现了新时代马克思主义中国化的最新发展成果。目前为止，在党的发展历程当中，党章的制定和修改反映出中国共产党在不同时期与时俱进的科学指导思想，这些新思想、新理念是任何领域进行研究的重要保障和依据，更是党建工作在新时代下的新目标和新任务。高校对于社会和国家的重要地位和特殊意义，大学生党建工作作为高校育人工作领域的核心和高校的政治和组织优势，领导并影响着高校各项育人工作的落实效果，作为中国共产党建设工作的重要组成部分，广泛联系着党与高校广大青年群体，是高校育人工作的坚定后盾。

第一，坚定党的全面领导。新时代社会主要矛盾的转变决定了党的工作方向，新时代的发展决定了人才培养标准，新时代党中央从方向、目标、方法、核心等层面引领高校育人工作的开展，为高校的人才培养提供了发展方向、理论支持和政治保障。大学生党建工作作为高校党建的重要组成部分，更需要坚定党的全面领导，十九大以来，为提升大学生的综合素质，真正解决政治信仰问题，高校大学生党建工作得到了前所未有的重视，其工作的开展不仅拥有党中央政策的支持，也在各个方面得到党的政治引领，高校党组织也坚持以贯彻党中央的全面领导为基础，在高校工作领域发挥自身指导作用。只有坚定党的全面领导，高校才可以通过大学生党建工作的开展强化对大学生的政治引领；只有始终坚持党的全面领导方向，才能实现高校党的基层组织建设和党员队伍建设。

第二，坚持理论继承与创新。中国共产党的发展历程伟大且艰辛，党在每一阶段的发展都伴随着科学且值得借鉴的理论内容，这些指导思想不但可以得到继承，也可以结合当下实际情况，发展成为最新的党建思想内容，为不同阶段的中国特色社会主义发展提供相关借鉴和历史经验，而高校大学生党建工作的开展和高校党组织的建设也同样需要"以史为鉴"，正确引领高校工作的发展。从高校大学生党建工作的角度来看，开展思想建设既要深入学习党的传统思想理论，以及党的发展历程等内容，也要将学习十九大会议精神、习近平新时代中国特色社会主义思想作为当下的核心学习任务，加强大学生党员队伍的理想信念教育和思想道德建设，要使之在根本上就拥有坚定的政治信仰。因此，必须面向大学生开展党建理论的继承与创新，使大学生能够明确当前时代发展特征，加强新时代挑战的应对能力，可以应对经济快速运行带来的负面影响和考验，真正肩负起新时代中国特色社会主义现代化事业的建设使命。

第三，党员队伍扩大的同时注重党员质量提升。随着党中央对各级党组织工作，以及高校培养人才工作的重视，为完善大学生党建工作，大学生基层党组织结构不断细化，党员队伍不断壮大，大学生党员数量呈上升趋势，相应的管理制度逐步完善并加以推行。为增强大学生党建工作的效果，其影响力、领导力也必须从大学生日常学习和生活入手。大学生党员作为青年优秀先进分子，特殊的地位决定了其必须具有更高的思想文化素养、政治坚定力，同时必须具备先锋模范作用和积极影响，因此保证大学生党员、积极分子的质量，比如对其专业文化、政治素养、道德规范等的培养与要求，才能保证其真正影响身边的大学生群体，成为大学生各项活动的组织者和积极参与者，带动其他同学不断进步。

（四）思政工作与党建工作协同育人的价值

1. 体现大学生党建工作先进性

新时代党的指导思想仍作为高校思想政治工作的核心内容，其中包括各个时期党建工作的相关决策和纲领内容，其中涵盖了对高校人才培养目标、高校思想政治工作关键任务等具体要求，这些与时俱进的思想理论指导着高校思政工作和大学生党建工作的发展，为响应时代发展号召，不同背景下高校思想政治工作的核心内容应充分反映出大学生党建工作的先进内容。

2020年疫情防控期间，以习近平同志为核心的党中央针对不同时期的社会现状，及时制定相关政策，采取相关应急措施，坚决带领全国全力开展疫情防控工作，这场挑战，提升了党中央面临重大危机的应对能力，也证明了党中央和全国人民的凝聚力和顽强毅力，充分反映出中国共产党工作的先进性和科学性。在此背景下，要求高校思想政治工作必须结合当下社会现状，在原有的基础上融合党的新政策和方针，加强对最新社会问题、事件和新闻的重视，为的是引发大学生自主思考当下社会的发展，实现思想政治教育有效性和时效性。由此可见在这一特殊时期，对于大学生党建工作的要求必须要高度与党中央保持一致，引导全校大学生和大学生党员在重大公共突发事件的面前坚决做到"两个维护"，在新的社会考验中强化自身的政治意识，做到先锋模范的带头作用。高校思想政治工作及时融合新时代社会发展的内容，从侧面体现出新时代对大学生党建工作的要求，充分展现了大学生党建工作内容的先进性。

2. 为高校思想政治工作提供重要基础

大学生党建工作通过制度和措施，科学地保障大学生党员的主体地位和基本权利，同样，大学生在思想政治教育过程中的主体地位也备受关注。大学生党建工作的建设是为了培养青年大学生成为坚定的马克思主义拥护者，培养拥有更深层、更坚定政治信仰的社会主义事业建设者。高校基层组织作为高校党建工作的"战斗堡垒"，要从根本上把握大学生党员队伍的建设，是保障党建工作和战斗力的基础，对贯彻中国特色社会主义理论体系及党的路线、方针、政策起到推动和促进的作用。随着越来越多的优秀大学生加入党员的队伍中，对大学生党员队伍的质量的重视必须尽早提上日程，高校基层党组织通过大学生党建工作对大学生学习思想政治理论起到了管理、教育、组织的作用，促进大学生的思想和道德素养等方面的进步，高校基层组织工作的开展保障了高校思想政治工作的开展，为其提供了坚实的工作基础。

3. 为大学生党建工作注入活力

高校开展大学生党建工作最重要的就是帮助大学生自觉增强自身的政治信仰，坚定政治立场。高校作为党意识的教育主渠道，通过新时代高校思想政治工作开展党的思想理论、理想信念等宣传和教育，虽然理论知识体系复杂且庞大，但是通过丰富的教学途径和教育方法对大学生进行传授，促进党的思想理论与创新教学方法的结合，不仅为理论思想内容增添创新色彩，也使得大学生更自觉、更有兴趣、更容易理解并接受党的相关理论知识和社会时政新闻，大学生党建工作的开展也更具有活力和时代性。比如当下被广泛运用的"线上线下"的混合教育方式，既符合当今大学生青年团体的时代特点，也拓宽了大学生理想教育的途径，而这些是单纯的线下教学和理论教学无法实现的。因此充分利用网络思政等新时代教学途径、社会实践都是搞好党建工作中的理论教育不可缺少的环节，这些充满活力的教学方式和教学理念，使党的理论，以及当今社会改革与发展的实际情况更深入学生心中，让他们对中国共产党领导的正确性和社会主义的优越性增加了直观认识与切身感受，同时推进党的思想理论教育和理想信念教育的方式的改革创新。

（五）思政与党建工作协同育人途径

1. 理论统一强化协同育人指导

思想和政治是统帅，又是灵魂。对于高校育人工作来说二者占据同样重要的地位，高校思政和大学生党建工作也正是政治工作和思想工作的集中体现。高校思想政治工作与大学生党建工作之所以能够合作、同向育人是基于二者拥有共同的育人总目标，并且工作领域均归属于高校，同样面对广大的青年学生，而这些因素中最根本、最核心的基础就是始终坚持党的全面领导。二者工作的开展均以党的一切指导理论作为指导思想和核心内容，因此坚定共同的指导思想理论和指导方向，有利于加强对大学生的政治理论指导，实现党对高校育人工作的领导。

2. 思政教师参与党建工作开展

从思政课程的教师队伍出发，思想政治课专、兼教师自身对于马克思主义原理、中国共产党近现代史发展历程、思想政治教育原理等专业课程的理论知识和教学方法掌握透彻，其价值观念和政治信仰相比之下也更为坚定，也已经符合担任相关党建工作的人员职能和素养，因此高校可以委任一些教学经验丰富、教学水平高、专业素养高的思政教师在教学的同时，可以兼任一些党建工作中的大学生党员培养和管理、开展党校课程、举办"形势与政策"相关主题的会议、讲座等工作，并且在这一过程中可以很好地对大学生的思政社会实践进行监督和指导。

高校协同育人工作建设为大学生党建与高校思政队伍的工作提供了许多新的思路和途径，二者专、兼师资队伍协同育人能同时促进工作的开展，实现与大学生生活、学习上的融合，有效应对大学生成长过程中出现的问题，使得两方面的工作内容得到较好的衔接合作，使思政教育者和党建工作者之间的沟通加强，为思想政治工作和党建工作更好地提供学习、提升空间。

3. 青年党员发挥自身优势

优秀青年及大学生党员在高校中具有积极作用和深远影响，从年龄的划分可以看出，大学生党员和青年党员干部都是广大的青年大学生中的一分子，通过自身的严格要求和努力学习成为党组织的一员，与一些资历深厚的党员干部或是教师相比较，更容易为自己的同龄人设身处地地思考问题，这也正是青年党员的一个明显优势。在管理大学生面临一些难题、困难的时候，青年党员因为自身与大学生年龄相仿，在思想上和行为上有许多的相似处和共鸣，所以可以在关键时候给予更具针对性的意见和建议。此外也可以委任优秀的大学生党员或是通过委任高校基层党组织中的青年党员干部来协助辅导员工作，在遇到一些关于管理大学生的问题时可以给出自己的想法和建议作为参考，再根据实际情况和学生的个人情况整理出解决方案。

4. 建设协同育人队伍，提升育人水平

为贯彻党中央精神，高校坚持推进全方位、全过程、全员育人模式，促进高校思政与大学生党建结合，由学校党委统一领导，各个部门和思想政治理论课教学机构相互配合，共同落实校内全员上下齐抓共管的运行机制。

（1）党建工作者融入思政教师队伍

协同育人师资队伍在有相交叉的工作环节和领域充分结合。高校的党

建基层组织包含学工处、学生党校、纪委团委，以及各个院系党支部等部门，其中在岗的基本上都是党建工作的管理人员，对于党建工作的管理和开展具有一定的专业经验，可以委任其为思政相关专业课的教师或是思政实践活动的指导教师，充分体现党建工作者的专业素养和教学能力。

现如今有很多高校会委任党组织中的党委书记等人员成为思想政治教育相关专业的学生导师，负责学生日常学习和论文的指导工作，在这些过程中，不仅可以通过指导学生，与学生进行学术的探讨从而提升党建工作者自身的专业水平，同时也会让党建工作者深入了解大学生的性格特点和发展规律，提升其管理能力，这些经验更有助于运用到党建工作的开展中。

（2）建设高水平协同育人队伍

党建工作队伍和思政教师队伍之间的协同合作涉及高校多方工作人员，二者之间协同育人工作的开展不仅是一方的责任，更不是将二者关系简单化看待，而是需要理论素养坚实、政治立场坚定的师资队伍在思想上重视才有可能达到协同育人的水平。

四、构建全方位的思政育人体系

高校思政教育的有效开展，要从课程协同、教师协同、环境协同三个维度出发，构建全方位的课程思政育人体系。首先，课堂环境。教师在课堂上配合丰富新颖的课堂教学手段，辅以出色的授课能力对学生进行全方位的课程教学和价值观培养。其次，校园环境。校园是弥补高校思政教育短板的重要载体，形成一个"育人为本，德育为先"的教育环境，寓教育于环境。最后，网络环境。如今的学生人人都上网，移动终端的发展更是为学生上网提供了便利。因此，教导学生通过网络学习也是每个教师应尽的任务。这三个环境都是育人的有效载体，合理运用且发挥他们的协同作用对于课程思政的开展有着积极作用。

（一）营造高校"思政教育"的育人环境

首先，课堂教学是立德树人的根据地和大本营，一切的知识传输和德育培养都在这里出发和进行，学生在这个环境中的注意力更加集中，教师的教育也更有针对性和合理性。针对学生具体情况和需求，教师可在课堂上进行正确的教导。课堂上的互动，也是学生对于自我价值探索和教师引导的过程。其次，社会实践的环境是对课堂教学的补充和检验。课堂的环境井然有序，而社会的环境相对于学校更加自由。一方面，学生在这个环境中更加放松，从而容易展现出自然和本来的一面，这方便于教师及时发现学生行为品行中出现的问题，能够"对症下药"及时解决。另一方面，突发情况和临时场景所出现的问题是难得的教学素材，只要教师懂得合理运用，便可取得较好的教学效果。此外，高校教师可发挥互联网环境的优势，扬长避短。例如引导学生完成"学习强国"的学习，打卡"青年大学习"，并将完成程度纳入期末考试成绩，发挥不同育人环境的优势及特色。

（二）树立全员、全程、全方位育人理念

大数据时代下，坚持全员、全方位、全过程育人理念在于遵循思想政治工作协同育人规律，打破传统基于高校教师与学生之间的、孤立的单维教育链条，形成由政府、高校、家庭、社会等多个主体共同建构的形式上各自独立，但在机制上关联、交互的育人场域，利用育人场域内多个成员主体、多种育人资源、多重育人空间的能动性作用协同运转、相互配合，形成思想政治工作合力。首先，坚持全员育人理念。校内教职工、家庭成员、政府官员、社会组织都负有大学生成长成才引路人的责任，是全员育人系统的子要素。全员育人理念视阈下，要以系统思维和整体视角考查高校思想政治工作，把政府、高校、家庭、校友、企业、社会组织等一个个独立的集群看作是子系统，子系统之间依托大数据网络、数据流、连接键，连同周围的空间、时间、介体、信息共同构成开放、包容、联动的思想政治工作有机体，营造校家、校政、校企、校社等互联共通"大政工"实践格局，要素之间基于交叉、互动、共话、协同、合作关系实现组合优化和效果集成。其次，坚持全程育人理念。全程育人理念视阈下，思想政治工作基于大学生成长这一主要线索，在时间上保持一个长期的持续过程，其工作主体根据大学生在不同成长阶段的学习需求、思想特点、社会心理，采取不同的工作方案，将思想政治工作贯穿于大学生成长的每一个阶段和过程。高校要抓准大学生从进校到毕业、从在校到假期、从上课到周末等时间转接节点，利用大数据全天候、全时段追踪大学生思想行为变

化，采取课上与日常、显性与隐性、正式与非正式教育有机结合的实践育人方案，强化大学生政治、思想、品德素质的全方面培育。最后，坚持全方位育人理念。全方位育人理念视阈下，高校要以空间中存在一切工具、形式、方法、手段为中间载体，赋予各个中间载体以关联关系，将思想政治工作融入大学生校园生活的方方面面。高校要借助线上网络新媒体、三微一端、APP 平台、微课慕课、大数据云计算中心等信息网络，全方位为大学生提供服务，包括自动化测评大学生综合素质、公正评比奖学金、精准对接贫困生资助帮扶、大力宣传网络文化精品、建设网络心理辅导室、加强学风校风宣传、加快学生组织信息化建设与管理、建设大学生征信体制等，同时利用线下课堂、校规班规、红色展馆、家风文化、社会热点等资源协同，形成多渠道、多维度、多层次全方位育人格局。

（三）全面细化育人举措，畅通内外衔接

首先，协同育人力量，提升育人执行力。学校开展育人工作，需要校内所有大学生和高校教师承担育人职责，发挥育人作用，还需家庭和社会的协同配合，以立德树人为共同目标，引领学生树立正确的人生观、世界观和价值观。因此，要健全校内外育人沟通、监督机制，围绕"十大育人体系"在育人资源利用、育人作用发挥情况等方面共享信息，共同探讨、解决问题；学校与家庭、社会要围绕是否正确引领学生的思想价值观互相交流、监督，在此基础上，学校综合考查校内外育人目标是否一致、育人内容是否相互承接、育人效果是否持续深化，综合考查学生对知识与价值关系的认知程度，集思广益共同解决育人过程中的问题，优化育人内容，改进工作方法，创新工作载体。

其次，整合、共建优势育人资源，实现资源共享。校内物质文化和精神文化就包含有育人导向的资源，包括良好的学风、师德师风、校风、内含寓意的标志性建筑物等以及"十大育人体系"各方面的育人资源；校外有各种爱国主义教育基地、中华文化教育基地等；家庭有家风、家训等，这些育人资源要按照育人内容的不同，分门别类地整合，同时开发网络育人资源，实现基础教育到高等教育的育人资源有效利用与共享。大学要充分利用线上育人资源，与线下资源形成优势互补，有选择地连接其他地区育人资源，实现不同地区育人资源互通共享；要结合地方特色，共建育人

资源，注重用好家庭资源，实现校内外育人资源的对接补充。

最后，覆盖全场域，促进互通融合。实现"三全育人"，落实立德树人根本任务，需要各部门、各主体"守好一段渠""种好责任田"，全面抓住影响育人效果的场域，实现各方面的有效互通，协同衔接。

一是要推进课内外衔接。课堂教学是教书育人的主渠道和主阵地，通过多样、丰富的内容及传统和现代方式、载体，帮助学生理解知识，内化于自己的知识体系之中。还需要课外教学活动来帮助深化对课堂教学内容的认识，达到理性的高度，同时付诸实践。这需要学校各部门、各岗位的育人主体协同社会、家庭，结合课堂教学内容，共同探讨通过校园文化活动、教学体验、社会实践、志愿服务等活动形式，带领学生亲身体会以帮助他们深化认识，引导他们付诸实践，逐步形成良好的行为习惯、品德素养。二是要推进在校与假期的衔接。学生在校学习是有组织、有目的、有针对性的，而假期学习除了定量的课业任务就得靠自主学习。各级各类学校要根据各年级学生身心成长特点、教学目标、假期时间，设置合理、多样的实践主题，联系家庭、社会育人主体共同引导学生独立完成。

（四）形成高校思政教育的协同育人机制

我们应明确每个环境都有其劣势之处，解决方法便是将三者有机结合，实现联动，对思政教育的育人格局起到协同效应。首先，课堂教学教师仍为主动，缺乏互动性和趣味性，容易令学生丧失注意力。其次，社会教学环境需要寻找适合教学内容的地点，否则易陷入形式主义的尴尬境地。最后，互联网大环境具有虚拟性，学生难以辨别信息的好坏。所以，为了达到育人环境协同的目的，需要从以下五个方面着手。

第一，课堂上和课堂下、线上与线下的育人要确立共同的目标。归根结底是落实立德树人的根本任务和培养德智体美劳全面发展的新时代大学生，需要厘清两方面联动的关系，在此基础上充分利用好思想政治教育的资源，打造与时俱进、充满正能量的校园文化。

第二，没有规矩不成方圆，任何模式开展首先要制订合理的制度，并结合校园特定实际客观情况，充分发挥教学环境的联动性，与高校育人同向同行。线上线下的联动模式能否成功实行，取决于是否有合理的监管制度，任何事物都有积极性和消极性，正确的监管制度可保证充分发挥联动模式的正向积极作用，摒弃互联网端消极信息。

第三，执行过程需贯穿教学过程始终，课堂上教师引导学生建立健全的思想品格，学生在对课堂保证兴趣的同时，在线上教学仍能保持和课堂教师的互动与呼应，在这种全员参与的模式下完成环境的协同作用。总之，统一的目标、合理的管理制度及全面地互动，可充分发挥环境协同的积极性，对培养合格社会主义接班人起到事半功倍的效果。

第四，完善专业协同育人生态系统。打造各专业课程思政协同育人生态系统核心在于顶层设计，关键在于组织架构，重点在于全面细致。

（1）从顶层设计来看，高校课程思政建设领导小组应该针对专业协同育人方面成立专门办公室，主要是制订针对协同育人在育人模式、组织架构、奖惩措施、沟通协调等方面的具体方案。如育人模式上考虑课堂教学与实践的结合，包括论坛、研讨会、辩论赛、社区实践、实习等；组织架构上，尝试设立分片模式，针对不同专业设定统筹联络人；在奖惩措施上，针对高校课程思政建设中的党纪国法问题予以明确并出台相关文件。

（2）从组织架构来看，应充分明确高校课程思政建设协同育人成立的组织架构应具备何种职能性质，明晰边界条件，避免交叉管理和重复工作。

（3）从全面细致来看，生态系统必然要求全口径下的全覆盖，针对高校这一独立的课程思政建设主体而言，该协同育人生态系统应该覆盖到高校党委、团委、学院领导、学院思政工作者、学生干部、宿舍管理员等人员，覆盖到包括体育课、实验课、试听课、讲座在内的所有课程，覆盖到学校食堂、学校医院、学校安保、学校后勤超市等场域。

第五，打通专业协同育人渠道。畅通各专业课程思政协同育人沟通渠道，主要是在课程协同、教师协同、管理者与教师之间的协同。

（1）从课程协同来看，主要是课程内容的协同育人。如前文分析，高校课程思政建设要求的思政元素应符合高校思想政治理论课的要求，因此建议专业课程课堂上融入所需的思政元素应该与思政理论相一致协调。除此之外，不同专业的课程内容的协同，彼此应避免内容相悖、内容重复，应相互支撑、相互融合。这一点主要是针对逻辑性较强的理工科课程而言。

（2）从教师协同来看，一是针对大班授课引起的低效性，尝试建议同专业的教师可以在课程思政建设上予以合作，通过分工细化，将大班课改为小班课或者利用互联网工具制订线上课程，对学生设定登录权限，使得他们分批上课，全力弱化大班上课引起的低效问题。二是针对不同专业的教师而言，加强交流合作，推动信息共享，拓展思政课程建设实践渠道，充分满足不同专业的大学生对思想政治教育层面的实践需求，降低其对课程思政建设的抵触情绪。同时在课程内容改进和监督方面，不同专业教师思路存在差异，加强交流拓展思路，丰富学生学识。

（3）从管理者与教师协同来看，主要是搭建在生态系统内，用于教师与教师、教师与管理者、教师与课程、管理者与课程之间的沟通平台，这种平台主要是线上的互联网平台，但需要同时涵盖 PC 终端、移动终端和手机终端。

（五）构建高校思政教学实践的新平台

当代大学生是最先接触也是最易接受互联网的群体，同时也更易受其影响。互联网以其广泛的传播性，这在使其成为高校思政教学的重要平台。例如微博，具有广泛、强力传播信息的特点；微信具有移动、时效性等传统信息传播媒介不具备的特点。近年来，互联网的高速发展，为大学生分享生活经验提供了便利条件，潜移默化地影响了一代人的生活方式。可充分发挥互联网强传播性和互动性的特点，开展高校思政教学工作。

在传统的教学环境中，教材是学生获取学习资料的唯一渠道。而在网络环境下，获取信息的便捷性加大了学生学习的主观能动性，也将教师从重复答疑的过程中解放出来，将精力投于新媒体平台内容的更新和完善中。例如，通过"学习强国"软件进行学习，并通过考评制度根据学生的学习分数考核日常表现；"青年大学习"微信公共平台的每日推送既保证满足了学生的求知欲，又筛选了最适合当下青年人需要接收的信息进行推送，对大学生价值观的养成起到了巨大的帮助。

（六）构建高校思政育人的运行机制

统一管理机制，找准立德树人总目标与多元主体意志诉求的利益结合点，在规划和分工中实现体系价值整合，凝聚主体力量；完善保障机制，加强制度、理论、教师队伍和协同育人模式的建设，实现资源整合，为挖掘"十大育人资源"功能，形成育人合力奠定基础；优化反馈机制，从动机激励、过程监督和结果评价三方面入手实现行动整合，在运行中推动育人体系可持续健康发展，真正使高校思政工作成立一个体系。

1. 统一高校全方位思政育人体系的管理机制

（1）党委统一领导保证正确育人方向

在党委的统筹下，确保各个组织部门、教学环节中的各项责任能够落实到位。首先，要突出高校思政育人工作中的党委领导地位，加强顶层设计工作，制订全方位思政育人实施规划。党委在宏观统筹下布置、规划高校思想政治工作始终围绕立德树人这一中心来规划、设计、部署、落实。其次，要培养党委成员的育人责任意识，实施一岗双责机制。一方面，党委领导干部要履行原本岗位的职属职责，发挥榜样先锋力量，起到标杆引领、模范带头作用。另一方面，要履行行政领导职责，贯彻执行上级党组织在思政育人工作中的决策方针与部署安排。最后，创建"校院两级"联动工作机制。以"马克思学院"作为重点学院进行建设，带头引导其他院系积极响应校党委的号召，根据自身学生的素质特点、基础经费制订具体教育方案，对"两学一做""三会一课"等学习活动做出具体要求。

（2）形成党政齐抓共管职能机制

在高校全方位思政育人体系中打造党政齐抓共管一体化育人格局。首先，要明确行政组织的育人职责。遵循民主集中制的原则，经过高校党委联席会议的协商、讨论及决议后，确定重大事项的安排与部署，打造全面的、多层次的领导，分工工作机制，为提高党政工作事务决策效率和准确性奠定基础，降低运行成本。其次，打造"倒T"型互动机制，凝聚主体共识。不同部门、主体所承担的实际工作要求不同、任务不同，要畅通党委和各行政组织的沟通路径，在具体的、阶段性的目标制订和规划中，找准立德树人总任务与不同主体诉求间的利益结合点，引导主体在实现自我价值的过程中自觉承担育人职责，凝聚共识。最后，加强教职工与学生党支部之间的交流与互动，带领党组织成员深入到校园基层学生工作之中，或发展基层工作中有潜力的青年教师、学生，壮大党员队伍，推动党员影响力渗透下沉，带动激发各基层部门的育人活力。

2. 完善高校全方位思政育人体系的保障机制

科学的理论是实践经验的理性总结和升华，蕴含学科逻辑和思维，是实际践行的指南针，对实践具有巨大的指导作用。但作为理论来源的历史实践总是处在不断地变化与发展之中，理论的科学性、严谨性保持、建立在对实践变化的正确认识和不断创新更迭中。东华大学实施德育研究提升工程，聚焦思政育人过程中存在的重、难点，如课程内容、教学方法、考核方式等，组建研究团队，其目的就是为一体化思政育人提供理论支撑。

以理论知识武装主体，全面提升知识储备，克服经验本位的工作惯性，为思政育人教学工作的全方位开展做好充足的准备。其次，高校要创建思政工作创新及理论研究中心。坚持改革创新的力度，并提升对育人理论研究的整体水平，将研究中心作为教师思政育人理论的交流中心，打造思政集体备课平台，围绕党的建设、思政教育、意识形态工作等相关的理论知识及实践中的运行情况展开全面的研究和探索。指导教师将所学、所接触的理论知识投入到实践中加以应用，在实践中检查验证普遍理论的适用性的同时，将所得的个别经验重新进行理性整理形成普遍理论，在科学理论知识与实践教学经验两者之间建立紧密的联系，不断开创思想政治教育工作的新局面、新态势。

3. 优化高校全方位思政育人体系的反馈机制

（1）改进高校全方位思政育人体系的激励办法

激励机制是指以人的需要为出发点，运用一定方式提升主体在追求既定目标时的主观意愿程度，从而激发自身的能动性、主动性和创造性，并生成与之对应的积极行为方式，是促使主体发挥潜能、提高工作效率的重要手段。贵州财经大学在强化顶层设计，推动教学改革的过程中，针对不同层级标准的教师给予相应标准的薪酬，形成了"5+1"模式的激励机制来提升教师参与积极性，初步形成了教改成果数量多、优良率高的格局。高校全方位思政育人体系中所内含的主体多元，主体诉求多样，设计高效、生动、稳固的激励办法，不仅可以提升教职工的育人热情和自觉性，还可以提升大学生自我教育和自主学习的积极性。高校全方位思政育人体系中改进激励办法，首先，要注重对育人主体多重需要的激励。思想政治教育工作不是功利性的社会活动，不以经济效益和物质利益的获取为最终目的，因此，在激励过程中，也不应单纯的以物质激励为主线，还要从主体的精神需求入手，在人格和思想上引导主体全面地占有自己的社会关系，在实现自身价值和能力突破的过程中产生自豪感、成就感和满足感。

其次，创新激励的方式与方法。时代环境和人的思想观念都处在不断地发展变化之中，激励办法的运用要与之相适应，在适应中寻求超越，在继承传统榜样示范、物质奖惩的同时，要发展和创新实践锻炼、情感体验等激励因素，充分结合网络新媒体，生动形象地表现激励内容，提升激励水平。

（2）建立对高校思政育人效果的科学评价体系

科学的评价机制能够通过对执行过程和执行结果的评估、总结，给予系统正向反馈，从而得出改进策略、方法，促进系统升级完善，推动系统的健康可持续运行。中国人民大学在本科人才培养过程中，设计制订了以学生成长阶段为主线的学生课外综合管理评价系统。北京林业大学通过实施"青蓝计划"强化评价激励机制，对思政育人过程、质量效果和学生的获得感三个维度进行综合考评、立体分析，以此提升教职工人才培养能力。在高校全方位思政育人体系的工作创建中，建立科学的评价体系，客观看待思想政治教育工作目标的实现程度，具体评判育人体系的实施效果的必要条件。通过评价结果的展现、反馈，从中了解体系自身现存的不足并加以改进，是实现建构长效全方位育人体系的必由之路。

具体从受体对象的角度划分，高校全方位思政育人体系的评价体系可分为对学生学习效果的评价和对教师教学效果的评价。首先，针对学生学习效果的评价。打破以往以定量考试成绩为定性标准的错误导向，第一，要创新评价方法。将静态考试成绩与学生成长的阶段性动态变化相结合，将重点放在非认知领域，以课程成绩为核心，利用调查研讨、专题作业、时间观察等多种方式为辅助，对学生进行全面评价。第二，要拓展评价内容。将生硬的理论知识与开放性的实践应用相结合，以启发联想代替死记硬背、生搬硬套，实现学生学习由认知向认同、由他律向自律的转化。其次，针对教师教学效果的评价。第一，在院系评价工作中，务必要制订量化的具体指标，尽可能地消除评价时的主观色彩，提高客观性，将教师在课程、实践、网络、心理、组织等方面工作完成与落实情况纳入到评价指标之中，对全方位育人体系的落实情况进行检验。第二，动员学生的主体性力量，高校要将每一个班级作为一个单位，以学生为评价主体，以教师工作为对象来进行评价。同时，为了确保学生对教师评价结果的公正、公平性，学校可以采用匿名投票、网络投票相结合的方式来组织评价活动，并且将两种评价的结果进行横向对比，更加客观地获取最终的评价结果。

此外，要健全高校思想政治工作评价体系，研究制订内容全面、指标合理、方法科学的评价体系，推动高校思想政治工作制度化。只有协同好质性评价效度与量性评价信度，才能使全媒体融场域下的高校思想政治教育"上连党心，下接民心"，更加有温度、有质感。

第一，以"不变"考查教育内容，以"变"考查教育内容的表现形式。全媒体融场域下，高校思想政治教育内容必须坚守马克思主义意识形态理论，同时不断创新表现形式，提升表现形式的"技术"含量。因此，高校思想政治工作评价体系必须严格考查教育的"绝对内容"是否体现足够的基本性、学理性与规范性，同时从表现形式层面着力考查"相对内容增量"的技术性。这一综合评价标准既保证了全媒体融场域作用的充分发挥，又体现思想政治教育内容层面变与不变、存量与增量、绝对性与相对性的辩证统一。

第二，静态评价指标与动态评价指标相结合。传统的静态评价指标包括既定的思想政治教育政策、制度、内容等，它守住了"底线"，但未考虑到思想政治教育发展在客观因素作用下的不确定性。比如，全媒体融场域影响下的即时重塑性，使得思想政治教育方法、载体等要素的地位和作用得以凸显，这时评价着力点应随着指导理念、内容形式、执行方法等动态指标的融合化发展而变得更加灵活有效。因此，在全媒体融场域下的新样态下，高校思想政治教育评价体系必须由传统的静态一维考量导向，转向"动静结合"的融技术评价指标，才能使得整个思想政治教育体系的质效化运行实现"融为一体，合而为一"。

第三，综合考查教育方法的实效性与人本性。思想政治教育的内容表达与方式方法以追求实效性为目的，同时还要考量人本性的协同作用。因此，对思想政治教育方式方法的评价，必须综合考查实效性与人本性两大要素，从而敦促其发挥出交融互促的协同作用。教育主体利用全媒体技术时，要充分考虑受众的心理与接受能力，建构包含主体、资源、方式、时空、技术等多维度的立体化协同创新模式，形成由环境、目标、理念、效应等元素构成的互动耦合机制，从而建构全媒体融场域下高校思想政治教育发展新体系。

（七）充分发挥融媒体全方位育人功能

根据"三全育人"要求，高校各个部门的各个环节都应该承担育人工作，高校融媒体中心亦是如此，除了队伍育人、内容育人之外，更应拓展实践教学育人、普及媒介素养等功效。

（1）加强把关遴选，以优秀的网络文化武装人的思想

高校要打造优质的媒介环境，要以新时代社会热点时事引导的观念，以科学理论武装的思想，以具体、生动的事迹鼓舞的热情，以校史文化的故事来塑造人的品格，以健康向上的环境来感动人的内心，充分发挥校园媒体的育人功能。然而在自媒体时代，人人都是传播者，对于宣传意识不够、新闻专业性不强的个人往往可能适得其反，对学校或者学生造成负面影响。高校融媒体组织在占有全校资源的同时，更有把握全局的高度和认识，在内容采集、发布过程中具有"把关人"的身份。

融媒体在高校协同育人方面发挥着十分重要的作用，从某种意义上来讲，可以用"四两拨千斤"形容。在融媒体环境下，高校可以将大部分的力量集中起来盘活高校的信息资源，并通过统一的宣传方式进行思想政治宣传。通常情况下，学校党委领导直接负责融媒体在高校的运行，与此同时，高校融媒体领导小组内由党性较高的人员组成，以此来对融媒体中的信息进行筛选把关。当遇到网络污染信息时，也可以做到及时清理，从而引导大学生朝着正确的方向发展。

（2）创新举措，培育媒介素养高的新时代网民

融媒体技术的普及给受众带来众多变化，其中最显著的就是媒介功能趋向复合性，媒体不再只是信息的传播渠道，还演变成了社交的主阵地。如今的青年人"机不离手、身不离网"，每时每刻都在参与着传播活动，然而，良莠不齐的信息让受众眼花缭乱，低劣的传播技巧让传播活动变得面目可憎。

在这种环境下想要实现创新，培育高素质新时代网民，这就需要从融媒体的媒介素养着手。众所周知，高校融媒体是一个面向全校师生开放的平台，在这个平台中教师、学生作为主要的受众群体，他们的线上信息接收习惯及线下引导在很大程度上决定了高校融媒体的宣传效果。例如，线上信息内容的设置会随着时间的流逝，对学生信息接收偏好产生影响，甚

至使学生形成一定的思维偏好；此外，教师通过线下教育引导的方式，帮助大学生掌握鉴别网络信息内容真假的技能。通过这种线上线下联合教育的方式，逐渐提升高校大学生和教师的媒介素养，这不仅可以帮助高校教师和大学生熟练使用融媒体工具，同时也能使其思想道德素质得以提升。从具体上来讲，高校可以组织相应的专业教师培训团队，有计划、有目的地对高校教师进行系统化的培训，与此同时，在培训的过程中有意识培养校园网络"大V"，并将其发展成为校园舆论的"精神领袖"，以此捍卫校园文明。

五、"大思政"背景下高校思政协同育人途径

"大思政"制度的确立就是将"德育为先"和"立德树人"相结合，以德育为先为根本原则，教育教学全过程做到立德树人教学目标，教育教学树立在学生成长规律基础之上，确保教学的科学性。从广义教育角度来说，立德树人的教育理念已经是我国高等院校"大思政"教育制度建设确立的一个重要核心内容，学校将扩大思想政治教育这一理念深深融入发展高等学校的政治教育与学科课程教学建设的全过程、各环节，都注重大学生思想政治教育工作，形成全员、全过程、全方位的教育合力。从狭义来说，"大思政"视阈下的教育理念强调，思想政治教育不只是思政教师、思政工作者的独立任务，而要将思政教育贯彻到教育相关的每个人身上、每个过程中，对中国大学生的政治思想理论政治文化教育不再仅仅只是局限在单一的知识层面，而是将理论知识与实践活动相结合，做到知识指导实践，将思政教育落实到实际，构建起极具合力的高校思想政治教育育人体系。

（一）"大思政"视阈下大学生思想政治教育的形态特征

"大思政"体系的建立将思想政治教育不再局限于课堂、课本的传统教学中，在"大思政"视阈下，思想政治教育通过课堂教学与网络教学同时进行，思想政治教育本质上有双方交往形态的存在，而这种形态下，有线上交往和线下交往两种形态，当一方交往形态改变，另一方也会随之变化，可是当虚拟交往形态出现在现实形态当中，就会发生相互共存的形

式，思想和政治的教育同理，随着人际交往的形式发生改变，可以逐渐地形成虚实共存的各种形式和特征，也就是说我们可以把这种思想和政治的教育应用到社会现实生活中。

当虚实共存时，虚拟形态和现实的形态共同具有整体性特征，相对应的，思想政治教育也存在这种整体形式，以此来推进思政教育实践的深度和广度。新时代下的大学生在互联网领域涉猎极多，将我国大学生的思想政治课程教育理论和实践储存于"线上线下"的互动与共同存在的整体社会交往空间中，可以使思政教育效果更好，也更贴合对学生的环境教育。虚拟形态下的思想政治教育，立足于虚实共存的特点，发展和创新现代思想政治教育，在虚实共存的形态下的中国思想政治教育工作是一项具有历史性挑战的工作，因其会面临更加复杂的情景，极易出现新的道德、思想价值观念，会使思想政治教育的难度加大，同时也会赋予其更加丰富的内涵，并重构思想政治教育的话语权、组织及内容体系，各教育现象之间的联系也会获得进一步发展。同时，虚拟环境中的交往会淡化地区影响，道德意识和行为也会难以得到监督规范，极易产生不好的影响，也需要思想政治教育对其进行调整、充实、创新和完善，建立起更广阔范围的"大思政"教育体系，进一步扩大对大学生思想政治教育的范围。

（二）"大思政"视阈下大学生思想政治教育的思维特征

马克思主义理论体系框架最初主要是由马克思、恩格斯在批判性地继承和吸收了当今人类众多的哲学优秀成果论的基础上，不断发展逐步形成的，其中主要包含了马克思主义哲学、马克思主义政治经济学和科学社会主义三大部分，并且在时代的更新换代中，吸收了更多优秀理论成果，它不是一成不变的学说，而是一个与时代同进步、开放的学说。"大思政"也是秉持一种开放的态度进行思政教育工作，从"大思政"的视阈下来看，在全球开放加深的时代背景中，思想政治教育应当跟紧时代步伐，契合当今人的多元价值观念，将开放性作为大学生的思想政治教育发展的观念，促进高校思想政治教育工作的发展。

在全球化进程逐步加深的过程当中，世界也进一步开放，多国的文化、思想及价值观念进行碰撞与融合，并且如今多媒体发展迅速，大学生有多种渠道进行文化思想的接受，虽然对于高校进行思想政治教育活动工作造成困难，但是也给学生们带来了新的发展契机和要求。在今后的思政教育活动中秉承开阔视野，学习吸收世界优秀文化成果，优化我国高等学校思政教育的理念，建设积极向上的思想文化环境，对学生产生潜移默化的道德修养教育，让校园文化建设及教师教育思维反映时代特征，顺应时代社会发展的自然规律。"大思政"视阈下，对我国大学生的思想政治教育很好地体现了这一新型课堂的整体教学设计理念，其具有开放性的特点，在思政理论课的教学中将思政课的理论和实践课程进行了有效的结合，不断在开放过程中加深思政教育对大学生的影响。

（三）"大思政"视阈下大学生思想政治教育的实践特征

马克思之所以关注到生活世界这一观点，主要原因在于"现实生活过程"和"能动的生活过程"等这些包含有对生活世界的概念化描述。马克思认为人类所生活的世界就是人们正在社会现实中所生活的世界，是具有情感的活动及实现的世界，他将人类的物质生活和精神的生活相结合，使理性的生活与非理性的生活相结合统一起来，并且使日常生活和非日常的生活相结合。在生活世界当中人与人共在并交流交往，不断生成新的世界，并且使人在生活世界中不断地走向全面发展。

"大思政"视阈下的大学生思想政治教育也源于生活实践，并最终指导学生进行生活实践的。生活世界具有丰富性、实践性和人本性等特征，是一个拥有丰富思想道德资源，并且多元化的世界。人们在其中生活并参与各种实践活动，展现自身本质并获取生活资料及情感、道德和价值观念。人们在生活世界中获得的感受、认知和理解，给思政教育的教育者和受教育者交流的思想源泉，是两者对话与沟通的基础。生活世界强调人与人之间的交流与交往，凸显出人的主体性，并且主张平等对话进行情感、心灵的沟通与交流，从而使交流双方理解对方。

"大思政"视阈下的大学生思想政治教育的主体——大学生思政教育工作者和在校大学生，两者在同一生活世界，通过平等对话，使思政工作者把握学生思想动向及需求，使学生理解思政工作者教育初衷，以此打破传统思政教育的"强制灌输"和"传授压制"等范式，让大学生思想政治教育工作走向具体、丰满生动且人性化，让思政教育走进学生心中，指导学生在生活世界中的具体行为，达到思政育人的最终目的。

因此，"大思政"视阈下的思想政治教育工作本就处于生活世界当中，根据生活世界的特征带动教育者与受教育者理解关切对方，并且在教育过程中提升自己的生命境界和丰满自身生活质量，促进学生健康成长。

六、加强与高校辅导员的协同合作

（一）高校辅导员

高校辅导员是高校教师队伍的重要组成部分，是学校实施全面素质教育，开展学生思想政治工作，确保学校稳定的一支重要力量，在学校人才培养和校园稳定等工作中发挥积极的、不可替代的作用。作为学生思想政治工作一线的组织者和承担者，辅导员在全面推进素质教育，加强大学生思想教育，培养适应21世纪社会主义现代化建设需要的高层次的"四有"人才的工作中居重要地位。

辅导员工作繁杂而重要。很多辅导员在进入辅导员队伍后，面临着诸多的行政事务，部分辅导员开始抱怨待遇差、抱怨工作量大、抱怨工作辛苦等，易导致辅导员消极怠工甚至社会责任感和工作责任感缺失。人在岗而心不在岗，完全沦为一个"传声筒"，当学生发生矛盾纠纷、心理问题、情感问题、学习问题、身体健康问题时，不闻不问。与学生沟通交流、了解学生基本情况流于形式，部分辅导员下寝室只是简单地走马观花，更有甚者只是到宿舍管理人员处签字后直接走人，根本不进入学生寝室。这些都是辅导员社会责任中不可取的，违背了当前国家赋予辅导员教书育人的社会责任。

辅导员的教师身份、工作地位与职责，以及思想政治教育潜移默化的工作特点，无不对高校辅导员的威信提出了要求。辅导员的威信，不仅影响着其工作效果，更影响着其作用的发挥，从而进一步影响着高校育人的质量。面对新世纪的挑战，高校辅导员应不断地强化政治意识、大局意识、责任意识、忧患意识，不断地分析新问题，研究新情况，积极探索新形势下如何切实地提高威信和影响力，以确保思想政治教育工作的有效性。

（二）高校辅导员的威信及影响力

1. 高校辅导员的威信构成及其作用

威信即威望与信誉。对高校辅导员而言，它通常表现为学生对其尊敬、信赖与服从，它是思想政治工作的前提，同时也是最好的切入点，表现出一种巨大的精神动力。对于思想活跃、思维独立性较强、知识面较宽的当代大学生而言，教育者有无较高的威信，成为其教育被接受与否的关键。高校辅导员威信的构成通常包括三类：一是专业性因素，它包括学术能力与水平、知识积淀程度、生活经验及理论素养；二是可信性因素，它包括人格、个性、人品、友爱程度及公正之心；三是智能因素，它包括决策、判断、组织协调与管理能力及果敢、坚定、敏捷等意志品质。三者相互支撑、相互影响，形成统一的整体，其中，前二者更为重要。

威信的作用在于：其一，它直接制约着思想政治工作的效果。高校思想政治工作的效果在很大程度上取决于教育者的威信。作为思想政治工作的一线组织者和实施者，辅导员威信高，思想政治工作的效果必然好；反之，效果就差。其二，它能促使学生将教师的教育要求内化为自身的需要。高威信者的所言所行往往能取得学生的信任与效仿，他对学生的批评易引发学生内在的心理与思想冲突，促其向积极方面转化；威信低者，其所言所行易引起学生的怀疑、反感抵触甚至对抗，使思想政治工作从一开始就难以触动学生，更谈不上效果如何。总之，高威信者能有效地发挥暗示与示范作用，激起学生的模仿与内化，激发学生接受教育的动性，使思想政治工作真正入脑、入心、见效，从而实现预期的教育目标。

2. 影响辅导员威信形成的因素

崇高的威信是取得教育成功的重要因素，然而，威信的形成却非一朝一夕、一时一事就能达到的，它的形成有过程并受制于多种因素。

就客观因素而言，首先，是社会的宏观氛围与整体评价。我们党一贯重视思想政治工作，特别是十一届三中全会以来，面对新形势，我们党和国家采取一系列措施，不断强化思想政治工作。在高教系统表现为：开设思想品质课；开办思想政治教育专业；将思政教育者队伍当作教师队伍的一部分加强建设；构建全员思想政治教育模式；建设思想政治教育新体制等。这无不有助于思想政治工作者地位的提高和威信的形成。改革开放40

多年来的实践证明，任何时候都不可放松思想政治工作。高校政治辅导员威信的高低与社会的宏观氛围及重视程度密不可分。其次，是高校校园的微观氛围与评价。事实证明，一个领导重视、管理体制健全、措施得力、思想政治教育氛围浓郁的高校，其辅导员的责任感与进取精神就强，威信也高；反之，则低。特别是市场经济条件下的思想政治工作氛围，唯有领导重视、全员参与、上下齐动，方能构筑一道足以抵挡功利主义与短视行为负面影响的、视思想政治工作为育人之首的亮丽风景。唯有如此，辅导员的威信才有产生与发展的基础。最后，是大学生的期望值。对于处于半成熟向成熟过渡阶段的大学生而言，大学特殊的教育教学方式，其接触最多、交流最多的教育者往往是辅导员，他们对辅导员所抱期望值较高，期望在辅导员的关爱、指导、帮助下不断成长。他们对辅导员的信任与服从也多源于这种期待，由此便成为影响辅导员威信形成的重要因素。

就主观因素而言，辅导员的个人素质是其威信形成的决定性因素。首先，是品德因素。品德因素包括政治信仰、道德品质、心理品质及工作作风。坚定正确的政治信仰、崇高的道德品质是威信形成的根本因素，品德越高，威信越高；反之，一个品德不高的人，不管其能力多强、本事多大，都不可能赢得学生的尊重。有无健康优良的心理品质，也直接制约着辅导员威信的高低。一个意志坚强、情感积极、理想远大、行动自觉的辅导员，必然会对大学生的成长产生很大的影响。辅导员扎实的工作作风、实事求是的工作态度，以及严于律己、言而有信的品行，更有助于威信的形成与确立。其次，是个人智能水平。它包括知识结构、生活经验、专业水准与综合能力。一个知识渊博、既通本行又熟相近专业的老师，在学生心目中的形象必然会高大无比。一个有着丰富的生活阅历与经验，经历过不平常的、曲折坎坷人生路的人，其本身对同学就有着极大的吸引力。他对人生的总结与升华也必然会对学生产生一定的指导和帮助。一个才华出众，个人的专业水准已达专家水平或已在某一方面做出杰出贡献的人，其言行均会直接、间接地影响学生。一个综合素质较高、组织协调及管理能力较强的人，同样会赢得同学的尊重、信任与拥戴。可见，个人智能水平对威信的形成、巩固与发展均起着十分重要的作用。最后，是辅导员个人的仪表与形象。一个人威信的形成从一开始就受个人仪表与形象的影响。因为，政治辅导员在与大学生互动的过程中首先展现出来的就是个人仪表与形象,个人的品德与水平是随交往的加深而逐渐展现的。一个举止得体、仪表端庄大方、热情诚实、富有朝气的辅导员,总会在大学生心目中留下深刻的第一印象,并产生晕轮效应,学生会因良好的第一印象而对辅导员产生敬仰之情,并产生信赖感,"安其学而亲其师,乐其友而信其道"的效果也必然会产生,威信的形成也就有了良好的开端。

(三)高校思政与辅导员协同育人的策略

1. 加强辅导员队伍思想政治培训建设

高校辅导员集教育引导、管理分配、服务学生等多元化职责于一身,随着教育事业的不断发展,新时期、新形势对辅导员队伍的培训建设有了升级化的高标准、严要求。

(1)确立人才本位的培训理念

自古以来,人才资源一直是各个行业争抢博弈的主要资源之一,确立人才本位的培训理念是确保行业发展的第一要义。重视人才资源、加强人才的内生(内部培训)与外引(扩大招聘)是市场竞争的迫切要求。人才本位的培训理念,不是简单地基础知识"填鸭式"灌输、短期单一技能的文本培训,而是要求辅导员培训组织构建一个长期的、有效的、有体系的培训理念。

(2)建立双向统筹的培训机制

培训部门要充分履行辅导员系统培训的"牵头抓总"的职能,践行集体培训与个体培训的双向统筹培训规划。一方面,要充分做好基层参加培训辅导员们的信息征集工作,做出有预见性的培训指导思路,在培训周期、培训班次、培训内容和人员集中选择上做好妥善的统筹分配工作,强化宏观管理,规范双向统筹标准,严格执行计划;另一方面,要允许学院,以及辅导员本人以正当理由适当选择参训班次、时间、形式等,让被培训部门及个人有一定的自主空间。实行辅导员个体自我需求与社会集体发展、工作实际需要相结合的培训机制。

(3)更新现代科技的培训方法

引入现代科技手段,不仅包含设备层面的更新换代,还要涵盖培训时间、培训空间、培训形式等多层次的培训方式的更新。一方面,充分发挥新时代科学文明与通用技术的功效,结合网络传输、多媒体设备、远程监控、电化教学等通用的新方式方法，最大限度地突破时间、空间对于辅导员培训教育带来的局限，解决在职辅导员与求学心理的冲突矛盾；另一方面，在现有专题讲座、名师演讲等教学模式基础上，更新培训方式，引入个案分析、场景模拟、小组讨论等新颖途径，丰富授课形式，着重结合辅导员工作生活中的实际情况进行有针对性的分析与研讨，把传教解惑、自思自省、互动互助等行为引入课堂，充分提升辅导员的积极参与度与灵活创造力，切实达到学有所成，提高为学生服务的效果。

（4）丰富细致全面的培训内容

目前，高校在培训授课方面普遍存在内容覆盖面相对小、涵盖知识相对少、涉猎广度相对窄等问题，丰富辅导员队伍培训课程的内容，将培训内容细致化、层次化、具体化是一项亟待解决的问题。可以采取如下有针对性的具体措施。

一是对缺少基层工作经验的辅导员，采取"老带新"模式，增加实践教学内容，遇到突发事件和多发事件，要求老辅导员必须"一带一"现场指导，帮助新辅导员尽快进入工作状态，了解学生工作实际；二是对有一定发展潜力、近期可提拔的老辅导员，要注重提升他们的政治修养与文化素质，可以构建能力提升培训模块，如决策力（decision power）模块、领导力（guide power）模块、影响力（influence power）模块、创新力（innovation power）模块等内容，进行综合性的、全方位的领导能力提升，有针对性地进行培训，建立全新的辅导员领导干部能力培训课程体系。

2. 强化辅导员骨干作用

在大学生思想政治教育中，辅导员是高校学生工作的重要力量。中共中央、国务院在《关于进一步加强和改进大学生思想政治教育》中对辅导员的工作范围进行了明确规定，辅导员按照党委的部署，有针对性地开展思想政治教育，在学生的思想、学习、生活等方面进行指导[1]。可见，辅导员是高校德育的骨干力量，思想政治教育是辅导员的核心任务，因此，辅导员必须抓好自己的中心任务，促进大学生思想政治教育的发展。首先，教育必须首先接受自我教育。作为教育工作者，辅导员应该实现通过科学方法促进学生成长，不仅要规范学生的行为，还要使他们的情感受到

---

[1]　引自 2004 年 8 月 26 日 "关于进一步加强和改进大学生思想政治教育的意见" 中央 16 号文.

熏陶，不断提高道德水准，使他们成为优秀学生。辅导员一是要通过引导使学生的理想信念更加坚定，能深刻认识到共产主义思想的重要性，向着学校预期的方向发展。二是要深入学习专业知识，精通专业技能，增加自己的厚度，这就需要用科学合理的方法对学生进行引导。

3. 构建思政教师与辅导员联合育人的机制

（1）组织教育机构的科学联动

很多高校并没有思政专业，所以在高校中思政老师都不会固定地划入某个专业或者院系的管辖中。不过随着高校管理体制的改革和细分，很多高校最终确定了思政理论老师归属于教学管理系统。不与辅导员同部门管理，这样简单粗暴地将二者分离开，对于思想政治教育的发展并没有益处，反而分离了明明可以互相联系的两个主体。想要思政教育得到飞跃发展，构建联合育人机制是当务之急，必须将思政教师和辅导员联系到一起，二者归结为一个系统当中，方便开展更多思政实践活动，互相沟通学生思想。要想将高校思政课老师和辅导员归结为一个系统管理，就必须要让学校的管理层意识到这一点。由高校的党委、宣传部等主动进行协调部署，让辅导员归属的学生工作部门与思政理论课归属的教学部门能够联系起来，并且团结一切可以团结的机构，例如团委、就业指导中心等诸多组织，相互配合，既充分调动学生的积极性，也充分调动教师的积极性，共同组成一个可以互动配合的团结组织，为思政教育的发展提供良好的氛围。在这样的组织当中，始终坚持科学的管理方法和管理机制，有条件的高校可以多多开展一些实践活动，加强大学生和教师之间的互动交流。在管理当中，要明确分工，落实好工作人员的职责，严格管理。但是也要注意既然形成了一个团体，思政教师和辅导员之间的工作关系不能完全分裂开来，必须要注意相互之间的配合和工作效率的提高。

（2）队伍建设的联动

队伍建设的联动需要每个成员共同的努力。要想改变过去封闭式的、"各自为政"的局面，就要努力将二者之间的交集扩大。具体来说，需要做出三个改变。

第一，高校的辅导员选拔要更加严格。不能再像以往一样门槛过低，导致辅导员的水平不足而影响思政教育的发展，也没办法完成教育目标。在选拔中，必须要将辅导员的思想政治理论素养作为首要考核点，不具备这样的素养的不允许通过。辅导员的学历条件要满足硕士以上，最好可以在具备思政理论的基础上，对心理学和法学也有所了解。这些条件都需要高校的领导和人事部等进行严格筛查。这样既能确保辅导员的基本素质，也能够保证至少在理论层面上，辅导员可以独当一面。在一些不具备和思政教师联动的学校中，也能够帮助学生更好地养成正确的政治素养。

第二，尽量促进思政理论教学课老师和辅导员二者之间的工作交流。进行工作交叉，可以在思政教师的带动下提高辅导员的思想素质。一方面可以不用必须强调将思政教师与辅导员划为同一部门，一方面也解决了当今思想政治教育发展的困境。在这样开放式的沟通和合作当中，思想政治老师和辅导员二者之间角色可以互相转换，辅导员可以通过思政教师的帮助，更好地管理学生；而思政教师通过辅导员的帮助，可以更好地改进教学方式和探索教学模式，提升思政教学质量。

第三是要构建团队，在思政老师和辅导员的不断交流中构建出一个梯队。团队当中要有中青年老师为团队的延续做保障，既保证团队的活力性，也保证团队的理论和经验厚度。

4. 强化意识、完善素质，充分发挥威信的作用

高校招生制度及教学改革的不断深化，交费上学与学分制的自主选课等，均扩大了大学生的主体选择性，传统的"管、灌、劝"的思想政治教育模式已不适应，而新型的"示范、引导、释疑"的教育模式成为必然选择。要在新形势下保证思想政治工作的有效性，高校政治辅导员必须充分重视塑造自己在大学生心目中的威信，并切实发挥好威信在对大学生开展思想政治工作中的作用。

首先，要不断强化威信意识。每个辅导员都应充分认识到威信的作用及其持久的影响力，充分认识到当前教育改革的形势及新时期大学生心理发展的特点，充分认识到新时期思想政治工作的难点，不断强化威信意识，不断突出威信在思想政治工作中的地位，把威信的塑造与提高作为改进思想政治工作、提高思想政治工作效果的突破口和首要环节，用威信为思想政治工作铺路，以威信来加强思想政治工作的效果，不断增强当代大学生的教育选择性与接受性，提高威信的影响力及渗透性。

其次，要提升素质，提高威信。如前所述，威信的形成、巩固与发展均受制于一系列因素。对政治辅导员来说，外在的客观因素无法左右，但

内在的主观因素则在其控制范围内，只要自身主观上不断努力，提高品德修养，锻炼综合能力，磨炼坚定意志，培养积极情感，塑造优良心理品质，养成良好工作作风，加之以高度负责的政治责任感与使命感对待学生、对待工作，崇高的威信必然会形成，辅导员必会受到大学生的真诚拥戴。

最后，要讲究技巧，有效发挥威信的作用。威信形成之后，能否有效发挥作用是关键，这不仅会制约已有威信的巩固与发展，更会直接影响教育的效果。为此，必须讲究艺术，做到"八要"：一是要平等待人，以诚相见；二是要讲求奉献，追求卓越；三是要民主管理，正确用权；四是要言行一致，取信于生；五是要抑扬有度，爱及全体；六是要了解学生，善于调解；七是要坚持原则，主持公道；八是自我解剖，严于律己。总之，只要辅导员能充分使用科学的方法指导自己的工作，认识自我，找准定位，不断强化素质，用科学的方法指导自己的工作与实践，必能在新形势下更有效地发挥出辅导员威信的作用，从而全面提高思想政治工作的水平与实效。

七、思政课程与课程思政协同育人的路径探索

（一）"思政课程与课程思政"协同育人效果

1. 协同育人效果尚不明显

目前的思政课程在高校中还是多以纯理论灌输的方式为主，鲜有方式上的创新，加之学校收集学生信息的渠道少、速度慢、准确性不高，导致教师对学生的实际需求知之甚少，教授的思想政治理论脱离大学生实际生活和应用。近年来在课程思政的开展过程中，即使有一定程度的创新，相应地做出了一些调整，但总体上还是存在着难以实现二者的交融共振以发挥出最大育人效果，无法准确根据学生思想的变化有针对性地制订教育方案等问题，致使思政课程与课程思政协同育人的效果大打折扣。

2. 思政课程与课程思政协同育人机制有待完善

高校是一个层级较为分明的教学科研组织机构，各个层级履行着各自

的职责和使命。当一种新生事物出现之初，由于对其认识存在相对局限性，因此，导致责任划分及责任配合出现"真空"。高校课程思政的出现，就其责任主体的层级看，主要有学校党委行政、教务处、教学院（系）、任课教师。推进课程思政中如何明晰各层级责任，在考察大部分高校之后，我们很难发现在考察的高校中有健全的责任体系。虽然课程思政协同思政课程在推进，但大部分高校还处在比较混沌的状态，从学校党委行政看，大多停留在发文开会层面，以文件会议推进工作；教务处则以项目布置。在责任主体的核心环节——教学院（系）、教师，因为没有明确的责任要求，课程思政的推进大多出于自愿状态，教学学院、教师积极性不高。

3. "课程思政"协同思政课程推进程度不平衡

学院与学院之间的不平衡。推进课程思政存在的学院（系）与学院（系）之间的不平衡，主要有以下几方面表现。一是重视程度不平衡，有的学院（系）重视，行动迅速，有的学院（系）不太重视，行动迟缓；二是推进力度不平衡，有的学院（系）积极响应中央要求和学校部署，采取得力措施鼓励和激励教师开展课程思政理论和实践探索，课程思政的责任主体——教师的责任意识、创造意识得到充分发掘；而有的学院（系）停留在一般号召、一般布置，没有拿出有效的激励措施，课程思政的责任主体——教师的责任意识、创造意识没有激活，课程思政推进举步维艰。三是推进的成效不平衡，思想上重视、措施上得力的学院（系）能够获得较多的项目、经费等资源，从而产出较多的课程思政成果；而思想上不重视、措施上不到位、行动上迟缓的学院（系）在项目、经费、成果等方面相形见绌。

4. 课程思政协同思政课程的意识不强

"课程思政"协同思政课程，最终落实到高校专业课程任课教师身上，因此，高校专业课程任课教师是课程思政协同思政课程的责任主体。中国几千年的教育史，可以说是以思想道德教育为主导的教育史。但是，从近代以来，西方高等教育的模式开始引入中国，一方面，翻开了中国教育发展的新的一篇，另一方面，从高等教育进入中国开始，就是借鉴了西方高等教育模式，甚至可以说复制了西方高等教育模式，开启了以专业教育为主题的新的历史。不容否认，现代高等教育在中国的兴起和发展促进了中国科学技术及经济社会的发展，缩短了与西方的差距。但是，传统的道德教育开始淡出人们视线。中华人民共和国成立以后，我们又借鉴苏联模式，强调大学的专业教育，诸多综合性大学被"肢解"为多所单科性大学。

20世纪90年代中后期，为促进高等教育发展，建设世界一流高等教育，国家先后实施"211""985"工程，兴起了高校合并热潮。客观地评价，无论是"211"工程，还是"985"工程，都极大地促进了中国高等教育追赶世界高等教育的步伐，一批大学办学实力、办学水平得到了空前提升。虽然党中央一直重视高校思想政治工作，但是，一直以来，中央的要求落实到高校被打了不少折扣。部分教师错误地认为高校思想政治理论课挤占了专业课程的课时安排。可以说，高校思想政治理论课课程及课时的落实是政策性行为、强制性行为，否则，难以按照中央要求执行和落实到位。推行"课程思政"，同样遇到不少阻力。

5. 各类课程差异明显，难以发挥"共振效应"

课程作为教学的重要载体形式，各类学科课程都有不同的教学目标，在各自的学科领域下划定了课程教学的内容范畴，基于前两者形成了相关的课程评估体系标准。新时期课程思政和思政课程建设过程中首先面对的就是其课程覆盖面广泛的实际情况，思政课程与其他专业原有课程之间衔接精准度不高是当前工作面临的一大困难。在不消解各类课程原有教学目标科学化和教学内容专业化的基础上，都种好"责任田"发挥思想政治教育功能是当前落实思政课程和课程思政协同育人的重点和难点。就目前状况来看，原有各类课程在教学目标和内容等方面存在明显差异，冲击了思政教育目标实现并且挤压了协同育人空间，这也是不同学科课程协同共振面临的现实困境，此外，课程协同还面临以下诸多困境亟待破除。

（二）思政课程与课程思政协同育人的路径

思政元素的分专业挖掘：文学、历史学、哲学类专业以研究人类社会和文化思维为主要任务，这些学科课程思政元素的主线应立足人文社会科学兼容并蓄和厚重内敛的特质，围绕文化底蕴的人格滋养和基本立场的稳定确立予以展开；经济学、管理学、法学类专业以服务、治理社会生活为主要任务，这些学科课程思政元素的主线应立足通达睿智、理性科学的特质，围绕经世济民和服务社会的价值塑造和理想培育予以展开；教育学类专业以教书育人、培育英才为主要任务，这类学科课程思政元素的主线应围绕立德树人和铸魂育人根本使命的达成予以展开；理学、工学类专业以科技强国、笃行创新为主要任务，这些学科课程思政元素的主线应立足刻苦钻研、甘于寂寞的特质，围绕追求真理、科技报国的家国情怀和使命担当培养予以展开；农学类专业以持续发展、科技增产为主要任务，这类学科课程思政元素的主线应立足造福人类、高产的特质，围绕生态文明理念树立和强农兴农理想的培养予以展开；医学类专业以救死扶伤、妙手仁心为主要任务，这类学科课程思政元素的主线应立足精进业务、净化品德的特质，围绕精湛医术和医德医风的统一教育予以展开；艺术学类专业以文化涵养和文明传播为主要任务，这类学科课程思政元素的主线应立足强化美育、传播美好，围绕积极弘扬中华美育精神和正确艺术观创作观培育予以展开。

八、主渠道和主阵地协同育人

（一）主渠道和主阵地的联系

1. 教育过程的融通性

从课堂理论教学到课外活动实践、从线上面对面交流到线下人与人沟通、从虚拟慕课到现场教学、从日常渗透到具体领悟，大学生思想政治教育过程既包括知识技能的教授，也内蕴品质和道德的涵养。可以说，整个育人过程是一脉相承、环环相扣的，具有融通性和延续性。

主渠道与主阵地共同分担着育人过程的具体环节和任务。先就课堂教学过程而言，主要完成地是帮助大学生树立正确的认知，即正确的世界观、人生观、价值观，如此方能在实践中尽量少走弯路，避免误入歧途。再就日常思想政治教育过程而言，强调通过活动建设、平台打造、学科竞赛等多种载体形式和合理育人途径，来贯通知与行、理论与实践之中的有机联系，进而帮助大学生在整个成长成才过程中更好地学思践悟。不论是主渠道还是主阵地，两者在育人过程中，都是互为渗透、相互影响。离开理论教学过程，实践活动开展就缺乏了理论指导这个重要前提；离开实践育人环节，理论讲授就会因变得抽象空洞而让人无法真学真懂真信。"知者行之始，行者知之成"，注重知与行的过程融通性，必须坚持理论和实践育人过程的交叉性、关联性和互补性，这是新时代思想政治教育应该强调的重要方法论。

2. 教育内容贯通

毋庸置疑，主渠道与主阵地在具体教育内容上是有不同侧重的。思想政治理论课更为强调理论灌输、意识形态教育、社会核心价值观培育、法治观念养成、历史知识学习等思想观点、政治素养、道德品质方面的内容；日常思想政治教育则较为注重让大学生在锻造良好的生活习惯、学习态度、实践能力等方面的能力提升。但是，这两方面的教学内容是不能相互割裂开来的。

一方面，理论是用来指导实践的，假如只注重理论讲授而忽视实践能力，那么思想政治理论课的实际意义与影响力必然大大削弱，理论学习不能学以致用势必让大学生对理论教育内容失去兴趣，甚至产生逆反心理。另一方面，理论失之毫厘，极易导致实践谬以千里，假如大学生日常活动的开展缺乏理论指导，也容易导致行动变得盲目而无所适从，就拿爱国来说，究竟怎样才是真正的爱国，这个更深层次的理论问题如果不弄清楚，大学生在具体的爱国活动进行中，一不小心就会变得偏激或盲从。

（二）主渠道和主阵地协同育人策略

1. 发掘协同的合理切入点

将"以学生为本"作为两者之间协同的出发点。教育要凸显"学生为本"的要求，协同就要从学生出发，从学生感兴趣的点和未来发展的需求处出发，发现主渠道与主阵地协同的切入口。例如，主阵地日常思想政治教育的渗透性强、覆盖面广，或与学生利益关系密切，如日常管理服务；或与学生兴趣吻合，如网络阵地建设、社团活动等；或与学生成长需求契合，如心理健康教育、自我管理与服务、校内外兼职时间、竞赛演讲社交；或对学生未来发展使用，如党团组织角色扮演、职业规划、政治社会化。这些都是与学生健康成长和现实需求密切相关的，那么思政课教学可以有针对性地与之结合，使教学内容更加契合学生发展要求。

2. 抓住协同的最佳时间点

协同需要"同频共振"，而同步同频就要利用好教育的最佳时间点，在重大节日、纪念日、学生发展的重要阶段、社会热点事件发生和思政课教材讲授顺序等时间节点上，做好主渠道、主阵地的协同育人，发挥协同的最佳效力。

一是抓住重要纪念日开展"四史"教育。大学生思想政治教育，要对学生做好党史、新中国史、改革开放史和社会主义发展史的学习教育，而历史纪念日就是抓好"四史教育"的重要契机。在重大节日、纪念日来临时，既要结合教学大纲在思政课课堂上开展"四史"的历史知识讲解和现实意义解读，培养塑造学生的家国情怀和使命担当；也要适时在日常思想政治教育中开展专题实践活动。例如，三月五日开展"学雷锋活动"，组织校内志愿服务、宣传雷锋精神等；清明节开展缅怀革命先烈活动，邀请革命前辈讲历史故事、观看爱国主义影片等；七一庆祝党的生日，讲授我们党走过的光辉历程、举办红歌比赛等。

二是抓住学生发展的重要节点组织适应教育。新生入学、考试周、毕业季、就业期、校庆日等都是思想政治教育需要把握的重要时间节点。在这些时间点上，思政课和日常教育都要充分利用良好的氛围和时机，对学生进行适当教育和适度引导。例如，在毕业季，面对学生可能出现的初入社会的焦虑感和离开校园的失落感，思政课教师可以在教学中与学生讨论个人理想实现、公民道德建设和社会法律法规遵守等相关话题，帮助学生掌握毕业后所需要的知识；而在日常教育中，辅导员可以结合学生毕业的相关活动，组织开展感恩母校留言、给未来的自己写一封信等活动，帮助学生提前做好进入社会的心理准备，缓解角色转变的不适感。这样，让学生在理论和实践的双重影响下，能够尽快适应大学生活的各个阶段，更好地规划自身的学习生活和未来发展。

三是抓住社会热点事件进行意识形态教育。意识形态工作是党的一项极为重要的工作，高校作为意识形态工作的前沿阵地，必须肩负起职责，做好意识形态教育，社会热点事件的分析解读就为意识形态教育提供了很好的素材和机会。例如，疫情防控期间，在这一特殊时期，思政课教师和辅导员就要抓住热点舆情发酵和学生心理需求，向学生讲清楚整个事件的来龙去脉，通过疫情防控中的真人真事和数据公开，让学生看到党和政府在社会卫生事件中的治理能力和积极态度，体会到中国特色社会主义的制度优势，认清错误言论背后的本质诉求，从而不被迷惑，保持良好心态。

四是针对教材讲授顺序安排主题教育。思政课教学往往有规范的教学大纲要求，教材的编写顺序也契合学生的前置知识储备和接受能力，为教师的教学提供时间参考，而日常思想政治教育相对灵活，没有严格的时间节点规定。因此，为实现协同，帮助学生知行合一，要注重两者课程讲授顺序的对应和契合。

第二节　新时期高校思政协同育人发展趋势

一、立德树人

（一）背景介绍

党的十九大做出了"中国特色社会主义进入新时代"的重大判断，这一重大判断赋予高校思想政治工作的理论遵循、目标任务、内容形式的新的时代内涵，为推动高校思想政治工作创新发展、科学发展提供了时代坐标和科学依据。党的十九大报告指出："全面贯彻党的教育方针，落实立德树人根本任务，发展素质教育，推进教育公平，培养德智体美全面发展的社会主义建设者和接班人"，强调"立德树人"的重要性，进一步培养社会主义建设者和接班人的指向，以习近平新时代中国特色社会主义思想作为高校思想政治工作的指导方针，立足新起点、勇担新使命，以更宽广的视野、更高远的境界、更科学的思维进行整体思考和全局谋划。2018年9月10日，全国教育大会在北京召开，这是一次具有里程碑意义的大会。在会上，习近平总书记对于建设教育强国提出了一系列新思想、新观点和新要求，在多个维度上阐释了"立德树人"的重要意义、具体方法和价值导向。

（二）围绕立德树人构建全方位思政育人体系

从目的性质上看，立德树人不仅强调德行的培养，更加强调成人的塑造，这与思想政治教育工作旨在实现人对"物的依赖"向"自由个性"回归的本质是一致的。落实在三个层面——理论精神层面、制度法规层面，以及实践活动层面。在理论精神层面中主要包括了教学课程、校园文化及审美艺术三个方面的途径与方法；在制度法规层面中包括了相关法律规范、规章制度机制及管理服务三个方面；在实践活动层面包括了整体合力、礼仪规范及实践活动的三种途径与方法。这些内容均与高校全方位思政育人体系的创建之间具有严密的契合性。因此，高校要始终紧紧围绕立德树人这一价值导向对全方位思政育人体系进行建构。

二、高校思想政治教育生活化模式

（一）凸显教学内容的生活性

教学内容包含教育者传递的理论知识和教育思想，如何更好地让学生理解理论知识并接受教育，选取贴近生活，融入学生生活经历的教育素材至关重要。

第一，选取具有生活性的教育素材。生活是具体的，不是抽象的，也不是悬挂在空中触不可及的。思想政治教育是做人的教育，必须选取生活中真实的、客观的、可靠的教育素材，虚假的、不合时宜的素材只能取得适得其反的效果。因此教育者在选择教育素材时应做到"因事而化"，即要与学生生活中发生的大事、小事相联系；"因时而进"，即要与生活"现时"相呼应，教育素材应与时俱进，反映时代发展特色；现代生活发展趋势，选择富有时代内涵的教育素材。教育者在生活中要有一双发现教育素材的"慧眼"，善于发现生活中不断发生的"大事"和"小事"，在教育过程中要精心挑选与教学内容或学生生活相关的热点事件、生活故事，找准切入点，注重与教学内容的契合性，以及对学生教育的针对性，将故事与理论相融合进行教学。教育者在教育过程中，要设置与生活相关的议题，创设与生活相关的情境，注意话语的趣味性、亲和力及学生的接受程度，运用生活中众所周知、耳熟能详、贴近学生的话语对教学内容进行阐释，提高教学的艺术性、趣味性，使学生倍感亲切，从而深化认知，转化行为。

第二，在教学中融入学生生活经历。对于新时代大学生来说，谁讲不重要，更重要的是讲什么，所以教育者应多关注学生经历，在教学过程中"投其所好"，充分调动学生学习的积极性，引导学生把生活中遇到的人、事、困惑与喜悦在课堂中进行展示和分享，并结合所讲内容与其困惑和喜悦相结合，解学生之所忧、之所困，那么思想政治教育就可以直抵学生内心最深处，不仅符合学生的"口味"，还可以取得良好教育效果。学生多年的生活和学习经历，已经在头脑中形成了自己的知识结构，这些已有的认知对于学生学习新知识的影响不言而喻，如果新学习的知识和大脑中已有的知识相近，那么学生的学习速度就会加快，否则，则相反。所以教育者在教学过程中，一定要通过多种途径、多方面地了解学生已有的认知、需求和生活经历，在教学过程中融入相应的生活元素，在教授新知识时尽可能多地考虑学生头脑中已有的认知，利用学生头脑中已有的认知同化新知识，使学生更好地学会新知识并在生活中运用新知识。

（二）教学方式要融入现实生活

1. 合理使用生活化教学方式

新时代大学生思想变化是多样的，传统的育人方式难以吸引学生的注意力，调动学生的"胃口"，必须采取富有吸引力和针对性的育人方式来改善学生的思想，情境育人法和心理咨询育人是高校创新思想政治教育教学方式，且富有成效的重要方法。

第一，注重运用情境教学法。知识不能脱离情境而单独存在，情境教学就是教育者在教育过程中，可以采取情境再现的方式，将生活中发生的、与教学内容相关的场景，通过多媒体或学生表演的形式再现出来。也可以将具有教育意义的故事"搬"进课堂，这样对学生的教育是直接的，但是无论采取什么样的形式，其目的就是让学生在感受真实生活世界的过程中，以一种独特的且学生非常熟悉的方式来"反观"生活，引发学生的思考，提高育人效果。第二，注重运用心理咨询法育人。如今的大学生关于就业等各种压力纷至沓来，对学生的影响不仅只是思想上的，也可能是心理上的障碍，所以我们应"双管齐下"，教育者可"另辟蹊径"帮助学生理性看待自己，辅助解决学生思想上的问题，促其全面发展。

2. 重视社会实践育人方式

学生的发展是全面地发展，仅仅在课堂中对学生的教育，满足不了新时代大学生全面发展的需要，而且也难以满足新时代对大学生提出的新要求。实践是理论之源，一些知识和理论需要学生去亲身体验，以获得真正意义上的理解，并指导自身实践，这就要求教育者应注重社会实践的育人性。

第一，注重社会实践的育人性，改变传统课堂"孤岛"式教学。从纵向来看，社会是学生最终的"归宿"，从人生的发展阶段来说，学生的学校生活仅仅是人生的一个阶段，然而人并不是只有在学生时期需要教育，人生的不同阶段都需要教育，而且其内容由于成长阶段而不同，对人的教育是一个终身的过程，那么这个教育的课堂就是社会这所大学校。从横向来看，对学生的思想教育不能只在校园内进行，也要在校园之外开展，不能使学生成为只是在校园之内是道德的人，所以转变教育方式，引导学生进行社会实践是非常必要的。

第二，注重社会实践的育人性，改变传统知识性教学。学生的发展是整体的、全面地发展，学生全面发展的前提是掌握一定的知识，除书本知识外，生活实践中体验感悟到的知识也同样是学生全面发展不可或缺的一部分，且通过实践获得的知识更具"实战性"。如果回想人类最初的思想道德教育，毫无疑问都是在生活、生产中开展的。学生思想的改变需要一个过程，不是 45 分钟就可以实现的，而且这个改变需要课上课下协同进行。教材中学到的关于道德教育的知识，是普遍且具有共通性的，而社会生活中有些道德教育知识是"搬"不到教材中去的，是教育者说出来，但是学生不一定真正能够深刻领悟到的，必须需要学生亲身体验才能体会、感悟出来，因此，教育者必须创新教学方式，引导学生在生活中进行实践、体验、感悟，使学生回到现实生活之中，做一个全面发展的人。

（三）学校管理方式要贴近现实生活

学校对大学生和高校教师的考评方式和考核标准对大学生和高校教师的导向作用是巨大的，直接影响大学生和高校教师工作和学习的着力点，所以学校必须从大学生和高校教师的现实生活和实际需求出发，来完善对大学生和高校教师的考核评价机制，为大学生和高校教师提供有针对性的工作和学习导向。除此之外，与学生每天相伴的校园环境，发挥着对学生隐性教育的作用，因此学校必须重视校园环境的育人作用，发挥其隐性育人功能。

1. 改进对大学生和高校教师的考核评价机制

学生是活生生的个体，对学生的考评应改变传统的单一的以"分数论英雄"的考评方式，倡导多样化考评方式和标准，对教育者应调整和完善教师考核方案，形成多层次、多样化的考核体系，找到二者之间的平衡点。

第一，优化对学生的考评方式，倡导多样化考评标准。对学生考核评价应采取多样化的方式，从而对学生有一个全面的、全方位地了解，同时也可以改善学生对分数的过分追求。

首先，当前学生的考核评价仍以考试为主，如果一时难以改变这种评价方式，我们可以转变思想，更新理念改变考试内容，围绕学生的实际生活设置适当的题目，例如，多举例生活中的真实案例，使育人和考试"相向而行"，实现考试和育人"两不误"。其次，注重对学生的过程性考核，关注过程性"动态"考核方式，引导学生参加志愿者等社会性公益性活动，在此过程中观察其思想和行为的变化情况，通过观察考核学生的实践和合作能力等。最后，实现评价主体多元化，对学生的考评只是通过考试和社会实践等评价，且考评者仅是教育者，这是单方面的，难以做到对学生的全面考评，我们可以探索除考试和实践之外的其他考评方式，例如，同学同伴群体之间互评，他们之间每天朝夕相处，互相知根知底，对彼此在生活中的表现了如指掌。同时还可以在教育者的引导下进行自我评价，虽然这种评价可能会出现"虚假"情况，但是学生在经过这个过程之后，对学生的思想定会有所冲击。总之，无论采取哪种评价方式，一定要形成考评合力，并且要健全考评结果的反馈机制，总结考评经验，从而制订更加有效的考评方案，更好地发挥考核标准的导向作用。

第二，调整教师考核评价导向。教师的考核内容决定着教育者将主要精力用在哪些方面，为此将生活教育理念作为培训的重要内容和主要方面，引导教师在教学方式和教学内容方面上下功夫，在考评时注重对大学生和高校教师生活教育理念、教学方式和教学内容生活化方面的考评。同时将是否关注学生的思想状况，是否选取"接地气"的教育素材，是否制订贴近学生实际的教学目标等作为考核内容，发挥学生评价的反馈作用。

2. 注重发挥学校环境的隐性育人功能

学校必须重视校园环境的育人作用，物质环境和文化环境同等重要。第一，注重校园物质环境的育人性。校园物质环境是"有形"的，学生可以看得见摸得着。除了注重校园建筑等大型环境的育人性，还应关注校园小型环境的育人性，诸如在食堂、水龙头、图书馆等张贴相关育人标语，这些看似"不起眼"的标语，对学生思想的影响却是无形的。图书馆是学生学习的"主阵地"，教学楼是传授知识的主要场所，可以在图书馆和教学楼等主要场所摆设一些雕塑、名人画像等具有文化底蕴的物件，将没有生命的建筑赋予"生命"和"灵性"，这样可以对学生的教育达到事半功倍的效果。除此之外，食堂、宿舍和图书馆等的工作人员时刻陪伴在学生的校园生活中，他们的言行或多或少地会影响到学生的思想，如果他们素质高又尽心尽力地做好本职工作，那么学生感受之后对其思想的影响可想而知。所以，学校对他们应做到定期培训，以提高他们的整体素质，发挥服务育人作用。

三、优秀传统文化与高校思政教学的融合

人根本上来说是以文化的构建和传承的载体而存在的，而人又通过对文化的利用，使自身从动物式中摆脱出来，通过自己的本性和力量去完成自己的行为。而人在不断提升自我、超越自我的过程中实现了自我创造和自我发展，成了面向未来的人。文化也是区分开人类和动物的主要途径，所以当前只有将思想政治教育的文化功能显著地发挥出来，才能够更好地促成人在各个方面的共同发展，进而体现出文化个性的必要性。文化是人类对世界进行认知的方式，也是其结果，所以说思想政治教育中"做人"教育与文化对人的影响是相同的。思想政治工作从根本上说是做人的工作。发挥思想政治教育的文化功能，摆脱传统的束缚，用先进的人类文化成果灌溉人们的心灵，是以价值理性取代工具理性的方向来定义传统思想政治教育，也实现了人类对精神生活发展的需要。

（一）中华优秀传统文化的特点

1. 统一性与多样性并存

传统文化的统一性体现在：从它自身发展历程来看，在不断变革发展，以及融合其他外来文化的同时，逐渐构成一整套以儒家为主流意识的思想体系。春秋、战国时期，社会急剧变化，不同学派和家族流派不断涌现，出现了诸子百家相互争鸣的盛况，思想得到极大地开放。随后，秦始皇积极推行统一战略，建立了以汉族为主体的秦朝。此后，中国开始走向统一的时代，开创了封建社会的新局面。到了汉朝，"罢黜百家、独尊儒术"的统治政策得以推行，至此，儒家思想开始逐渐成为统治中华民族两千年的主流思想。到中华人民共和国成立以后，这种不畏艰难困苦、团结一心的精神仍激励我们步步向前。就其内容而言，传统文化以"儒学"为主导思想，法、道、墨、阴阳等百家共存。传统文化既有对天地万物的探索，又有对政治、经济和文化的考量，涉及哲学、宗教、艺术及人伦道德等多维角度，而这些内容在几千年的衍变和融合之后，逐渐形成了统一的文化特色。

传统文化的多样性体现在这几个方面：第一，传统节日是我国文化不断发展的产物，从春节辞旧迎新到清明节祭祖扫墓，从端午节悼念先驱到中秋节阖家赏月，再到重阳节登高祭祖，等等，这些节日活动将中华儿女凝聚在一起，成为连接各民族文化的精神桥梁。第二，中国传统建筑别具一格，装饰艺术多样。不论是连绵起伏的万里长城，还是富丽堂皇、气势恢宏的故宫，抑或幽静典雅的苏州园林，这些风格独特、技术高超的传统建筑都是我国灿烂文化的生动体现。第三，古代文学、传统绘画书法、传统戏曲音乐，以及传统服饰等传统文艺极其丰富且辉煌，这些都深刻体现了我国文化的多样性。第四，古代学术思想、理论观点丰富，其中一些思想观点蕴含着丰富的哲学思想，对于我们每个人的价值取向和生活方式，以及中国社会的发展都有深刻的影响，在今天仍然具有很高的教育价值。

2. 继承性和创新性并存

传统文化的继承性也同样继承了多样性的这几个方面。其中，继承传统习俗是主要形式，继承传统文艺也是其中的重要部分。尽管在某个时期传统文化有过短暂的停滞，但中国仍然是文化史上唯一未曾中断的文明古国。它在时代衍变过程中保留了其基本特色。此外，它还能够依据时代变迁随事而制，不断填充新的具体内涵。21世纪的今天，中国的传统文化内涵与精神实质仍然流淌在我们中华儿女的血脉中，依然是当今中华儿女行为方式和生活习惯的指导思想。

中国的传统文化之所以没有在历史变革当中消亡，最重要的原因就是它能够依据时代变革，不断推陈出新、创新发展。在汲取前人智慧的基础上又不断创新，结合时代需求形成新的理论体系，如此循环往复，逐渐形成并发展成熟。此外，它能够积极汲取各民族及其他国家的优秀文化，在交流发展中不断包容、融合，进而达到其创新发展的目标。

3. 独立性与通融性并存

独立性主要是指传统文化由中华民族为主体创立，并逐渐发展成为我国独特的文化体系。一方面，中国独特的方块汉字及语音系统、以藏象学说为核心的中医药理论体系、风格独特的戏曲音乐、诗情画意的中国书画等都是中国传统文化的典型代表。另一方面，则是它对于外来文化具有强大的通融性和批判性。对待外来文化，我们秉持"洋为中用"的原则，在批判的基础上加以继承。源于古印度的佛教于公元前1世纪前后传入中国本土，隋唐进入繁荣鼎盛时期，后与"儒教""道教"三教鼎立。正是这种强大的通融性和理性的批判继承，使其能够在世界文化中发挥其主体性地位，在现代社会中充满时代活力，增强我国在当今世界中文化软实力的竞争。

（二）优秀传统文化与高校思政教学融合的意义

中国古代的传统文化重视道德的养成，所以崇尚道德是当时社会的主要价值取向。儒家所认为的美好、理想的生活，是通过道德实践的生活。古代教育主要是道德教育和伦理教育，知识教育排在伦理教育之后，而德行品质成为古代教育的重要方面。古代儒学认为人生重要的是道德教化和修养人格，知识追求反而没有那么重要。

中华民族传统文化传承至今经历了五千多年的历史长河，它是古人智慧的结晶。当下中华民族传统文化不仅没有与社会主义发展相悖而行，且对当今社会发展有着积极的作用。尤其是中华民族传统文化中的道德文化，它对于提升大学生思想道德素质水平有着重要的作用，是大学生思想道德培养中的一盏明灯。例如，传统道德文化中的道德规范、科学文学等，总而言之中国传统文化与高校思想政治教学融合有助于帮助大学生梳理正确的世界观、人生观、价值观。

1. 实现"三全"育人

中华优秀传统文化能够帮助思想政治教育实现"三全"育人。习近平总书记强调要教育、引导学生正确认识世界和中国发展大势，从我们党探索中国特色社会主义历史发展和伟大实践中，认识和把握人类社会发展的历史必然性，认识和把握中国特色社会主义的历史必然性，不断树立为共产主义远大理想和中国特色社会主义共同理想而奋斗的信念和信心。这就要求高校思想政治教育要培养大学生的历史发展眼光，从近代中国历史发展大势和世界历史大势中探讨近代中国历史发展的必然规律、人类历史发展的必然规律。实现这样的目标，高校思想政治教育不能仅仅局限于课堂教学过程，不然教学效果就会大打折扣。要实现高校思想政治教育效果的最大化，必须实现思想政治教育全员育人、全过程育人和全方位育人，即思想政治教育的"三全"育人。

2. 对学术自由和精神自由的极大促进

塑造学生独立的精神状态，教会学生掌握自我思考的能力，这被概括为高等教育的核心和关键。其担任着优化知识、开拓理智和真理的核心任务，还有其所包括的精神独立和思维自由不受约束的精神。

所以当面对大学思政教育时，能够利用、引用和掌握传统文化中在学术这一角度的许多行之有效的方式，整合交融高校思政的相关教育的实施，来教育学生自由地进行学术研究和具备独立人格的精神。

（三）优秀传统文化应用原则

1. 批判继承的原则

历代国家领导人都非常重视中华民族的道德建设，无论是社会主义荣辱观，还是社会主义核心价值观都对国人的道德做出了规范。但是，目前国人的社会道德水平和信任指标相对较低，和我们的期望背道而驰，可以说是文明体现在生活的任何细微的地方，要重建文明不是一件容易的事，要从最细微的地方开始。在社会主义新时期，要立足于中华民族优秀的传统文化来建设所适应的这段时期的道德新风尚，只有切合实际才能使道德建设为广大人民群众所接受。习近平总书记非常重视传统文化的发展，他特地去参观了曲阜孔庙，希望引导国人在研究与传承儒家思想时，可以坚持历史唯物主义的立场，对待传统文化要坚持取其精华、古为今用的观点，因势利导，与新时期历史发展特点相结合。

2. 方向性原则

（1）坚持以马克思主义为指导

各个地区发展的历史和环境不同，形成了不同民族独特的生活和生产方式，各地的风俗习惯各有特色。马克思主义理论的内涵非常丰富，不仅有指导我们日常处事的辩证思维，还有走群众路线、实事求是的思想至今影响着人们的生活。而中国特色社会主义文化以马克思主义为指导思想，吸取了西方文化中的优秀成分，与我国传统文化相结合，为此要把优秀文化和马克思主义加以整合，传授给学生优秀的传统文化，抛弃腐朽文化。

（2）坚持思想政治教育

自古以来，知识分子的家国情怀就非常浓重，他们拥有崇高的道德理想，随着历史的发展，逐渐与我国传统文化相融合，如顾炎武的"天下兴亡，匹夫有责"，他们不仅成为传统文化道德教育的一部分，同时也与思想政治教育有着紧密的联系。

（3）坚持社会主义核心价值体系

社会主义核心价值体系作为指导我国国民思想道德的纲领，需要通过宣传和实际行动使其融入大众生活，让广大人民群众对这一体系有深刻地理解。

3. 创新性原则

中国传统文化能够传播和延续需要借助创新性开发这个重要方式，时代在不断变迁，传统文化也要有所变化。文化传播可以从一个地域传到另一个地域，也可以从一个时期传播到另一个时期，通过文化传播可以使传统文化绵延不绝。弘扬中国传统文化方式多样，维度丰富，创新性开发就是其中一个重要的方式，利用创新性开发可以对传统文化进行整理和利用，如果还要符合思想政治教育功能的话，就要结合时代特点、受教育者的价值观等因素，赋予传统文化具有现代文化的意义和内涵，把外来文化中可以融合传统文化的部分进行融合，把新的文化要素传授给受教育者也是一种好的教育内容。思想政治教育可以说为传统文化的创新性发展指明了方向，这个正确方向的存在使传统文化更好地服务于当下的文化发展，也丰富了思想政治教育的内涵和价值。

（四）孝道文化融入大学生思政教育

1. 孝道文化融入大学生思想政治教育中存在的问题

（1）大学生对传统孝道文化缺乏足够的兴趣

当代大学生对传统孝道文化知识不够了解，所以影响孝道文化与大学生思想政治教育相融合的发展过程，也缺乏学习意识。调查和研究中发现，大学生对传统孝道文化缺乏兴趣的表现在以下三方面。

首先，现在有关孝道文化知识的书籍对于大学生来讲，阅读得远远不够多与深入。同时由于现代大力发展的电子商务，阅读纸质书的模式已日益减少，电子书等阅读量大幅度上升。就目前来看，大学生对电子书和电子小说的依赖性更强，便捷的电子书成为当代大学生最具吸引力的阅读模式。大学生在阅读纸质书籍时，对孝道文化的纸质书籍阅读甚少。原因有两个，一是有关孝道文化的书籍一般为文言文，阅读难度较高，如果对文言文没有兴趣的话，大学生是不会阅读此类书籍的；二是大学生对于有关传统文化的了解一般都是晦涩难懂的，存在一定的排斥心理，所以说大学生对于孝道文化相关书籍的阅读量不足。

其次，大学生对传统孝道文化的渊源缺乏了解。就目前来看，大学生对孝道文化的内涵不够了解，部分人甚至将封建色彩强加在传统孝道文化上，对孝道文化的内涵根本不作了解，没有正确的孝道观念。大学生缺乏对孝道文化的理解会影响其行为，这在孝道文化对引导大学生行为方面会产生一定的阻碍。大学生对传统孝道文化存在偏见，认为孝道文化的消极方面还没有消除，但孝道文化的积极方面也没有得到有效地弘扬，这种观念显然不能引导大学生的道德行为。

最后，大学生对孝道文化的发展与实践不够重视。当代大学生现在阅读有关孝道文化知识的书籍日益减少，同时此方面的书籍无法引起大学生的兴趣，因此大学生对此方面的发展知识了解不够多更不够深入，进入非良性循环，从而越发影响着大学生对践行此文化相关活动的兴趣不足，也无法提升当代大学生对传统文化在日常生活中的实践。在进行孝道文化的实践活动时，大学生的参与积极性不足，这对传统孝道文化的实践活动展开带来了一定阻碍。大学生必须要足够了解传统孝道文化，对传统孝道文化具有明确的认知，才能够对传统孝道文化的发展与实践引起重视。践行孝道文化就要让当代大学生明白知行合一，做到知行统一。

（2）大学生对传统孝道文化的践行力不足

将孝道文化融入大学生思想政治教育中，需要在大学校园践行优秀传统孝道文化。大学生对传统孝道文化的践行力不足主要表现在三方面。

首先，大学生对孝道文化课程的选择空间不足。孝道文化的课程一般都晦涩难懂，所以大学生几乎不会选择传统孝道文化的课程，这在一定程度上会影响大学生对传统孝道文化的践行力。大学课程中关于孝道文化课程方面的课程设置较少，这说明高校对学生这方面的实践力度不够。

其次，学校对传统孝道文化的教育不够重视。大学校园是现代大学生活动的主要地点，因此要想弘扬发展孝道文化，校园文化是引导大学生对正确的孝道观的主要模式。学校应该加强对优秀传统孝道文化教育的重视，增加教育方面的课程，多举办关于孝道文化的活动，积极引导大学生参与孝道文化实践活动。目前大学生对传统孝道文化的实践活动参与积极性不高，原因之一在于学校缺乏重视。学校的氛围对学生的影响很大，学校应该加强对传统孝道文化的重视，当今社会，越来越重视传统文化的弘扬和发展，学校更应该加大对传统孝道文化的培育力度，努力做好对传统孝道文化的践行工作。

最后，大学生对传统孝道文化缺乏理性认知。实现孝道文化与大学生思想政治教育融合的过程中，一方面能够弘扬传统孝道文化，另一方面还能够增强大学生对传统孝道文化的情感认同，在增强情感认同的同时还能够加强大学生对传统优秀孝道文化的理性认知。

大学生对孝道文化的理性认知能够引导其行为，当代大学生对孝道文化还存在偏见，对孝道文化的各项知识都不够了解。大学生对孝道文化知识与内涵缺少客观理性的认知。在一定程度上会影响对传统孝道文化的践行力，与此同时，孝道文化与大学生思想政治教育的融合实现过程受到了严重的影响。

2. 孝道文化融合大学生思政教育的措施

（1）加强社会弘扬孝道文化的规范引领

加强大众传媒的正确引导。大众传媒具有快速传播信息的作用，能够超越时空界限汇聚大量的信息。大众传媒的有效利用能够促进社会的发展。中央电视台曾经有一支关于孝道文化的公益广告：小男孩看见自己的母亲给自己的外婆洗脚，后来他也效仿着母亲，也为母亲端了一盆水洗脚。这则广告在当时引起极大的轰动，也感动了无数的中国人；春节晚会上演唱的《常回家看看》这首歌一经播放，吸引了无数中国人来唱，歌曲中的召唤更是使无数中国人落泪，这些无疑不体现着孝道文化，也在一定程度上使人们真正意识到了"孝"的重要性。大众传媒在当代大学生孝道教育中发挥着重要作用，具有一定的导向作用，因此大众传媒需要在社会公众面前树立尊老、爱老的形象。大众传媒能够有效宣传信息，通过电视、报纸、互联网等多个媒介对孝道文化进行宣传，让大学生心中潜移默化地受到孝道文化的影响，自觉形成孝道意识，进一步提高大学生的思想道德素质。

第一，大众传媒要对孝道文化进行正面宣传，对优秀人物的感人事迹进行宣传，使当今时代的大学生能够更加全面地理解关于孝道文化的知识，树立榜样；第二，对不孝的行为进行谴责并且进行指正，有助于增强孝道文化的学习氛围，强化孝道意识。

社会环境的影响很重要，社会要树立正确的孝道观念，大众传媒需要对社会意识进行积极引导，促进社会和谐与孝道文化的继承发展。大众传播媒体应扛起时代的责任，对大学生给予正确的引导，给大学生的孝道教育尽一份力，帮助大学生树立正确的孝道观念。中国非常重视优秀传统文化的继承和弘扬，中央电视台每年都会有感动中国人物的评选活动，这一活动的本质就是对优秀传统文化的弘扬。生活中不缺少爱，但正是平淡的爱更会感动人。大众传媒能够为当代大学生孝道意识的培养提供有利条件，大众传媒对孝道文化进行宣传，大学生能够进一步了解孝道文化，认识到孝的行为，对自己尽孝的义务与责任都更加了解，也增强了大学生的担当意识和社会责任感。大众传媒在宣传孝道文化的同时，有关部门也要进行配合，对学校周围的娱乐活动场所加以整治，将社会上尤其是学校周边的不健康文化进行查处，为大学生接受孝道教育营造良好的氛围。

（2）抓好学校孝道文化教育的主阵地

把有关孝道的文化融入大学生的思想教育之中，首先要将优秀传统文化教育纳入教学计划中。这是因为孝道文化和大学生思想政治教育的目标具有合目性。若把孝道文化教育和思想政治教育相结合，不仅能够让思想政治教育的内容更加完善，还能够弘扬孝道文化，增强大学生对孝道文化知识的了解，进一步促进中华优秀传统文化的弘扬。当代大学生是未来国家发展的主要动力，因此，提高大学生的道德素质十分重要。当代大学生的孝道价值观会通过学校的教育发生改变，所以，学校应该营造出一个优良的孝道文化氛围。学校应该把思想政治教育和孝道文化的弘扬作为一个整体，把孝道文化和思想政治教育相结合，并把孝道文化列为学校教学计划之一。学校应该招纳对传统文化有一定研究的教师，让大学生意识到孝道观念的重要性，并树立起正确的孝道观念。学校可以组织开展讲座，让学生们对孝道观念有进一步的认识。除了这些，学校还可以通过社会实践的方式，例如，让大学生去敬老院或社区看望老人，和老人聊天，在这个过程中，大学生会受到孝道教育的熏陶。把孝道文化融入校园是营造良好校园文化的方法之一，这会促进大学生思想政治教育的改善，让大学生树立正确的孝道观念，并将孝道文化进一步落实到实践中，让大学生养成良好的孝道行为习惯，增强大学生对孝道文化的学习兴趣。

（五）儒家文化融入高校思政教育

儒家思想庞大的内容体系里主要包含了"道"的本体、"仁"的人文精神、"礼"的规范三个层次的内涵。"道"的本体探寻什么是人的问题，"仁"的人文精神探寻如何做人的问题，"礼"的规范探寻如何处世的问题。从这一文化底蕴上看，儒家思想与高校思政教学思考一脉相承，儒家思想用无限的生命力为高校德育教育教学工作指引方向、铺垫道路。儒家思想作为历代儒者思想的荟萃，包含鲜明的民族文化与先进的教育理念，具有显著的自身特点。首先，儒家思想以对自然规律的理解，以及人与自然关系的不同价值取向为出发点。将此思想体系运用于思政教学价值观培养上，在一定程度上能够与中国社会主义思想产生共鸣。其次，儒家思想具有知行合一的实践原则。儒家思想通过情操的陶冶和德行的实践，来达成人的社会价值和自我实现追求，这与德育中强调的知行合一原则完美契合。最后，儒家思想具有立足长远的思想追求。儒家思想追求学术的实际功能，注重个体"普世价值"和社会责任，充分体现出做人做事要脚踏实地精神。

1. 文化熏陶

首先，可以进行文化的宣传，做好文化渗透的第一步，通过宣传海报、校园广播等进行儒家文化的宣传教育。学生的大部分时间都在学校中度过，并且每日的活动场所并不多，每天通过海报等潜移默化地影响有利于思想的融入。其次，利用好网络环境，通过微信公众号、微博、学校官网等网络平台进行文化的宣传。要利用好学生对于网络关注度这一特点，学校官方微信、微博等几乎都是每天拿起手机就能看到的，具有很好的效果。最后，可以开展关于儒家文化的系列活动来加强文化的学习。

2. 儒家文化系列课程的讲解

儒家文化博大精深，因此除却生活中的接触，也要有系统地了解，才能够真正把握其精髓。否则仅仅通过课文中了解，难以吸取其真正的精华。辅导员在开展思想教育时，可以尝试改革，推进儒家文化教育课程的开展，把以往枯燥无味的思想教育宣讲改变为儒家文化案例的讲解，让学生感受古代大家的行为典范。以往的辅导员思想教育大多是偏向政治教育，以及在校生活中应该注意的问题，学生对这一方面总是难以与老师产生共鸣，而儒家课程的加入展现出了一定的创新性，一方面，有利于儒家思想与现代教育结合，建立良好的价值观，培养学生高雅的文化情操，另一方面，可以摆脱当下单一的教育方式，加强对传统文化的宣传。

3. 推进儒家文化应用于实践

高校思政教育中融入儒家文化不是单靠某一个方面就能完成的，需要多方面的配合，就儒家文化的教育而言，辅导员对于学生的理论知识教育仅仅是一方面，要想真正完成对高校学生的儒家思想教育，必须进行相应的实践活动，以加强对理论知识的进一步了解，如儒家讲坛、朗读经典、思想汇报等多种形式的活动。通过活动的开展，不仅辅导员可以进一步感受儒家文化，学生们也可以学以致用，儒家文化的传承不能仅仅靠理论，最主要的还是实践环节的开展，将儒家文化中的经典牢牢把握并有效传承。

（六）优秀传统文化与高校思政教学的融合策略

1. 推动高校"三大课堂"建设

（1）强化"第一课堂"，运用新媒体打造传统文化特色课程

课堂是大学生接受知识教育的主渠道，是大学生思想政治教育开发与利用传统文化资源的重要场所。把优秀传统文化中的合理内容适度融入高校课程体系很有必要。高校必须开设优秀传统文化必修课，充分发挥课程育人的功能，强化构建课程育人体系。课程是高校开展思想政治教育工作的主要渠道，教材是重要的载体。不仅要将优秀传统文化编入教材，还要适当增加优秀传统文化在思政教材中的比重，根据高校自身实际情况与学生思想政治教育状况，有选择地吸收和学习优秀传统文化，完善思政课程体系，优化课程设置。

（2）依托"第二课堂"，开展优秀传统文化实践活动

高校要牢牢把握"知行合一"的内涵，充分发挥课堂与教材的作用，运用优秀传统文化资源开展实践教学活动，以此提高思想政治教育的有效性与学生对优秀传统文化认知程度。高校要拓宽优秀传统文化教育渠道，广泛利用社会资源，采取"请进来"与"走出去"相结合的方式来进行优秀传统文化教育，邀请知名学者来学校讲座与让学生走出学校实地参观、考察相结合。举办不同类型的文化展览，为大学生创设文化情景，带领学生感受优秀传统文化，积极组织优秀传统文化学习活动，以及建立传统文化社团组织，营造良好的文化氛围，实现高校思想政治教育形式的多样化，促进学生转变。

（3）建设"第三课堂"，优化基于优秀传统文化的网络平台

新媒体是在新的技术支撑体系下出现的媒体形态。新媒体的飞速发展为高校开展思想政治教育工作提供了新空间与新载体，网络成为优秀传统文化传播的主要工具，也是当今大学生获取信息、交流情感的重要手段。高校要运用新媒体技术，优化优秀传统文化网络教育平台，推动思想政治工作传统优势与信息技术高度融合，加固网络思想政治教育重要阵地。爱国主义情怀、自强不息的进取精神、诚实守信的良好品格及谦逊有礼的处事要求等，都是优秀传统文化的丰富内涵，积极传播优秀传统文化，引导学生关注与认知中华优秀传统文化。

2. 提升高校教师综合素质与文化教育意识

（1）完善新媒体专业素养，合理利用新媒体平台资源

新媒体既给高校教学带来了机遇，同时也带来了挑战；既要网络优质资源共享于教学，也要求教师具有完备的新媒介素养与信息技术应用能力。因此，在高校思想政治教育中，教师专业素养的提升尤为关键，对教学效率与效果产生积极或消极的影响。教师阅历丰富，凭借个人魅力会潜移默化地影响学生思想与行为，使学生愿意接受教诲。高校教师要努力提高新媒体素养，参与、使用新媒体，对新媒体信息有正确地识别和理解能力，判断和质疑能力，提升自己运用新媒体开展工作的能力，以身作则，正确引导学生使用新媒体。

（2）重视优秀传统文化线上课堂，创新大学生和高校教师互动交流模式

在思政课堂上，大学生对优秀传统文化兴趣不高、态度不积极。教育工作者要处理好"教"与"学"的关系，尊重大学生的主体地位，采取大学生乐于接受的方式。基于大学生更喜欢网上交流而非面对面沟通，教师可以合理利用新媒体，适时创建优秀传统文化线上课堂，在网上与学生互动交流，构建网络环境下的大学生和高校教师关系。以学生喜闻乐见的方式开展优秀传统文化教育，为提升大学生的文化素养打造更加畅通的平台，这也是新媒体时代人们的共同目标和理想追求。

（3）注重优秀传统文化的思政教学研究，进一步完善思想政治教育内容

中华传统文化源远流长，博大精深，教师只有自己真正了解优秀传统文化的内涵，才有可能在授课时旁征博引，将课程讲得出彩，激发学生学习的积极性。

思想政治教育工作者必须把握优秀传统文化的思想内涵，最大限度地发挥其思政教育作用。高校要高度重视教师的理论文化学习，开展传统文化交流和研讨的教学活动，设置相关研究项目与经费，加大思想政治教育工作者深入研究优秀传统文化的动力，实现优秀传统文化与思想政治教育深度融合，进一步提高高校思想政治教育质量。

3. 增设网络教育阵地，优化创新传统文化教育的新方式

信息科学的发展日新月异，因特网、智能手机等占据了人们平时的生

活，同时跃居为平时学习和沟通交流的重要途径和方式。互联网逐渐变成学生搜集资源和学术的速度最快、最方便、最有效的通道和措施，使得大学生的自我提升、平时的生活，甚至是精神框架都具有普遍而意义深远的作用。

大学应持续创新传统文化教育的进程和渠道，增设网络教育，最大限度地发挥网络的核心影响，利用建设以网络为核心的传统文化培养区块，为大量的学生可以完整地进行思政教育提供极大便利。现在，为数众多的大学都建设了自己的网站，以此为契机，能够利用优秀传统文化发扬渠道，把大量理论转化为音频和视频等富有感染力的渠道提供给学生学习，使得学生感受到传统文化的核心能量。校园网站的创建，不单单减少了学生和老师之间的隔阂，让学生耳濡目染地接受学习内容，同时可以有方向性地对学生日常生活中所发现的"疑难杂症"逐一讲解，对学生精神层面完成有针对性地引导。所以，思想教育老师需要学习网络科学，对大学生进行多角度的教育和引领，同时对网络资源完成详尽的审查，为大量的学生增设更加行之有效的思政教育方式。

4. 促进思想政治教师人才的自我修养

教师必须要主张坚定的政治方向，促进思想道德的建设和教育，推进国家和社会使命感的形成，成为大学生自由生活和成长的方向标和指路牌。所以，改良大学思政教师人才培养和建设是必不可少的。

然而，从现在的发展方向来判断，在大学思政教师人才的引进和相关后期建设的流程中，许多教师没有相对应的职业道德和自身素质层面的修养，除此之外，无法将足够的时间投身自己的事业，自身对中国传统文化也知之甚少。在课堂期间得过且过，使得大学思政课的教学成效甚微，无法展现本科目当初设立的初衷和最终课程效果。

5. 教师进行深入学习，加强传统文化与教学内容的结合

教师要想将新时代思想道德建设与传统文化进行结合，不仅要对该专业知识有充分的研究，也要对传统文化进行深入的学习和实践。一方面，教师通过深入学习内化传统文化，能够得到自身道德修养的加强和行为表现的变化，进而潜移默化地影响学生的道德发展。另一方面，通过学习内化传统文化，能够将优质的教学理念和儒雅的学者风气引入课堂，提升学生的体验感和代入感。教师在高校思政教学中融入传统文化，能够做到

"两手抓"，让学生从传统优秀文化思想与现代先进道德观念两方面得到思想的熏陶。因此，树立高校学生正确的道德观，促进以德立人的教学发展，就要充分了解传统文化，加强传统文化与课堂内容的结合。

第三节　提升高校思政专业教师队伍综合素质水平

一、提升高校思政专业教师的共情能力

（一）共情能力对人的重要意义

共情能力对个人生活和社会生活具有积极的作用。

（1）共情能够减少人际摩擦，增进相互理解

很多时候人们之间的分歧和争执甚至是斗争并不是存在根本原则上的分歧，而是彼此之间的误解。造成误解的原因是多样的，其中缺乏共情便是一个重要的原因，人们依据自己的经验和认知模式想当然地解释和理解他人的观点，往往觉得矛盾巨大。而共情秉承倾听他人和理解他人的态度，就会化解部分的观点差异，而且站在他人的角度理解对方，其结果会减少人与人之间的摩擦和矛盾，收获人际和谐。如前所述，人际和谐是幸福的必要条件，具有共情能力会促进幸福感的提升。

（2）共情可以提升人格魅力，促进个人生活幸福，事业进步

从某种意义上来讲，共情属于人格魅力的一部分。同时人的共情能力与其理解能力呈正相关关系，也就是说，如果一个人的共情能力较好，那么其理解能力便较强；反之共情能力差，理解能力就差。由此可以看出，当一个人具有共情能力时，在理解他人观点、看法时便具备的优势。此外，共情能力也有助于提升人的情绪敏感度和事物洞察能力，尤其是在共情的作用下，人往往会以一种温暖体贴的方式将自身的思想传递给对方，这样对方便可以从心理上得到认同感，对此拥有高共情能力的人往往具有较高的人格魅力。

（3）给予学生认知与情感的支持

当教师能够真正在意学生的想法、感受、需要和愿望，而不是仅仅在意自己的想法、感受、需要和愿望，或是教材中已经安排好的思想和情感时，就会产生真正的关爱。

（二）基于共情的课堂教学评价的实施要领

共情是个体本身所具备的一种能力，多数教师的共情处于自然发展的状态，并没有发展为一种具有教育性的职业能力。基于共情的评价并不是无中生有的某种技术，而是对教师本身所具备能力的挖掘、发展和使用。

1. 对共情的觉察是实施共情评价的基础

在已有的课堂教学评价中也积极倡导对学生的尊重和关注，尤其是各种公开课都在传达以人为中心的行为，如最常见的"谢谢你""请坐""回答得真好"等。但是在这些行为背后每位教师的情感是不同的，有些教师的类似行为只是基于形式的表演，没有真心与实情。而共情评价的本质就是改变观念与认知，从关注评价中的言语和行为转向更为深层次的共情能力提升。教师有必要通过体验、知识学习等方式觉察自身的共情能力与共情的积极作用，并且能够有意识地从共情的视角看待教学中的各种互动现象，逐步培养对学生情感的敏感性，重新审视自己作为信息的传递者、促进者和评估者的身份，进而以新的眼光看待大学生和高校教师之间的关系、互动。最终能够体会到大学生和高校教师之间的互动是有感情的互动，从而发出对学生的爱，愿意从学生的视角体验、感受学生的生命状态。可以说，共情评价是对当前仅注重评价形式的浅层评价的超越，而对共情的觉察并据此发出的对生命的关怀是实施共情评价的基础。

2. 拓展教师的关注范围

对教师而言，要实施共情的教学评价，除了意识到共情能力和共情的重要性之外，还必须对自身所形成的各种观念和刻板印象有所觉察与监控，有意识地拓展自身的关注点。首先，教师应该通过自我监控与调节抑制自我中心思维、消极情绪及基于本能的各种反应，从而降低各种刻板印象的影响。其次，教师应该意识到学生的学习成绩是诸多因素共同作用的结果，对学生而言最能够改变的就是学生的学习情感与动力。作为学生发展核心素养的重要内容，教师应该有意识地关注学生的情感体验与情感发展。最后，教师应该关注每一名学生。以往教师可能会偏向关注某一类学生，而且对每一类学生所给予的评价方式不同，尤其是对那些落后的学生、违反纪律的学生，教师可能更关注他们不好的一面。共情的评价对学生的发展具有非常重要的影响，因此教师需要有意识地关注所有学生及其各种消极的行为。

3. 共情表达技术的获取及与其他教学策略的融合

"共情表达"用于描述教师在接收学生的想法和感受之后所作出的反应。人际互动中一些特殊的表达会影响他人所接收的信息。比如，询问他人的感受、避免使用引发他人不适的话语、表现出安慰与同情等。

这些共情表达技术在心理咨询领域应用得最为成熟。借鉴该领域的研究成果，为了更好地实施共情评价，教师可以采取一些言语与非言语行为的策略。比如，学习使用一些直接与共情相关的言语，这类语言既包括对学生情绪的反应，也包含对学生想法的反应，能够更好地传递出理解与关心。然后是非言语行为，可以使用声音、语气、面部表情、眼神、肢体动作等加强表达的效果。共情表达技术的获取可以直接帮助教师在课堂教学中更好地实施共情评价，但是由于教师还要实现诸多其他教学目的，因此还要注意与其他教学策略的融合，把握使用共情策略的时机。

二、优化思政教师队伍奖惩制度

（一）实施奖惩有度的评价制度

解决了"评谁""谁评""评什么"和"何时评"的问题，那么接下来就要为这套制度增添权威性和信服力了。制度的确立一定离不开强制措施的保障，高校要想让"三全育人"联动机制得到很好的保障，一定要将短期或长期的评价结果与"利益相关集体"挂钩，即学生和教师。对于学生，可以以评价结果与其综合测评成绩挂钩，对于明显评价出思想不端正，道德品质不健康的学生给予取消评奖评优、取消入党资格及取消其他奖励资格的处分；对于教师（这里的教师是统称，包括校内的行政人员），要以评价结果奖优罚劣，将评价结果与评职评称、评奖评优甚至可以直接和津贴挂钩。如此将评价结果与学生和教师的自身利益相匹配，可以很大程度增加学生和教师对"三全育人"联动机制及评价机制的重视程度。

为了量化得出更加简单直观的数据来匹配评价效果，就要求评价量化打分表不宜烦琐，但是要全面，否则一些主要指标可能会被掩盖掉。为了使评价更具有权威性和信服力，评价方式应该多样化，如问卷调查、测评、访谈、听思想政治教育课、辅导员对学生的评价等传统手段与信息化手段相结合，一起去评价督查，不能让评价流于形式，更不能让奖惩制度成为摆设。

（二）完善晋升奖惩制度

教育者在职业发展和生涯规划中，个人发展前景是一项重要指标。因此，构建协同育人体系，要提供给教育者充分的晋升机会和荣誉奖励。完善晋升奖惩制度，要涵盖以下几个内容。

一是公平公正公开。晋升奖惩制度，可以激励教职工群体产生一定的行为自觉，而奖惩的公平与否，将影响被激励者的满意程度，进而影响其努力的程度、方向和持续时间。因此，奖惩晋升要公平公开公正，做到是非分明，赏罚得当，对所有的教职工群体公正、平等对待，聘任条件和过程公开透明，让人信服。

二是晋升渠道畅通。晋升机会包括竞聘领导岗位、调任上级单位、转聘其他岗位等。尤其是对于辅导员来说，由于可替代性较强，且处于学校教师管理中相对底层的位置，晋升渠道一直饱受诟病，使许多辅导员都忧心个人前途，寻求其他的发展机会，对长期从事一线工作兴致不高。在协同育人中，要切实解决这一问题，实现教师的晋升提拔渠道畅通无阻。

三是奖励方式多样。荣誉奖励包括优秀称号、先进个人、专项奖金等等。目前的高校考核评价大多基于科研成果和学术能力，对高校专业课教师和实验岗位教师更有优势，思政课教师和辅导员作为人文社科领域和行政管理领域的研究者相对吃亏。基于此，可通过荣誉称号、奖金激励和专项奖金等形式，促使利益分配向协同育人主体倾斜，激发协同的动力。

参考文献

[1]颜妍.高校思政课程与课程思政协同育人研究[J].安徽职业技术学院学报,2021,20(2):93-96.

[2]王燕飞.高校课程思政协同育人机制建设研究[J].时代报告,2021(3):152-153.

[3]黄秀玲,吴再发.新时代高校思政课程与课程思政协同育人的路径探析[J].福建教育学院学报,2020,21(12):10-12;44.

[4]刘燕.高校课程思政协同育人机制的构建策略研究[J].文化创新比较研究,2020,4(36):30-32.

[5]陈慧女.高校思政课程与课程思政协同育人的生成逻辑[J].高校辅导员,2020(06):14-18.

[6]涂刚鹏,刘宇菲.思政课程与课程思政协同育人的三维路径[J].学校党建与思想教育,2020(21):50-53.

[7]沈小雯.高校思政课程与课程思政协同育人探析[J].河南广播电视大学学报,2020,33(4):63-67.

[8]张宏.高校课程思政协同育人效应的困境、要素与路径[J].国家教育行政学院学报,2020(10):31-36.

[9]程兰华,张文.西部高校思政协同育人机制构建研究[J].牡丹江教育学院学报,2020(9):46-49.

[10]李浩.新媒体时代高校思政协同育人模式研究[J].法制博览,2020(20):241-242.

[11]范成梅,蔡胜.新时代高校课程思政协同育人的困境与出路:历史合力论的视角[J].锦州医科大学学报(社会科学版),2020,18(3):89-93.

[12]高峰,陆玲.高校"思政课程"与"课程思政"协同育人的路径探索[J].山东农业工程学院学报,2020,37(6):178-180.

[13]白玉.新时代高校思想政治教育立德树人使命研究[D].西安:陕西科技大学,2020.

[14]孙汝兵.广西高校课程思政育人机制研究[D].桂林:桂林理工大学,2020.

[15]田靖.试论高职院校构建思政协同育人格局的必要性及措施[J].佳木斯职业学院学报,2020,36(5):197-198;200.

[16]蔡静,张艳.高校思政课程与课程思政协同育人模式探析[J].兰州文理学院学报(社会科学版),2020,36(3):35-39.

[17]庄蕾.新时代高校意识形态安全研究[D].沈阳:辽宁大学,2020.

[18]赵岩,周伟.构建课程思政协同育人机制的思考探究[J].中国多媒体与网络教学学报(上旬刊),2020(4):80-81.

[19]陈青."三全育人"视域下高职院校思政协同育人格局研究[J].湖南工业职业技术学院学报,2019,19(6):113-116;125.

[20]顾育.高校课程思政协同育人机制构建路径及策略研究[J].佳木斯职业学院学报,2019(12):1;3.

[21]吴雪峰.新媒体时代高校思政协同育人模式研究[J].管理观察,2019(30):136-137.

[22]胡铖.高校课程思政协同育人机制构建路径及策略[J].祖国,2019(19):101-102.

[23]潘燕.新时代高校"思政课程"与"课程思政"的协同育人机制研究[J].湖北开放职业学院学报,2019,32(17):87-88.

[24]刘书莹."大思政"格局下医学院校思想政治教育协同发展研究[D].天津:天津医科大学,2019.

[25]吴群.基于大学生成长规律的思想政治教育原则与路径研究[D].上海:上海师范大学,2019.

[26]滕跃民,韩锋.高校课程思政协同育人机制构建路径及策略分析[J].山西能源学院学报,2018,31(6):45-47.

[27]郭霁瑶,王瑶,吕欣美.刍议党的十九大精神融入高校思政协同育人新格局[J].智富时代,2018(10):226.

[28]陈霞.协同论(DSC)视角下高校思政教育协同机制构建[J].包头

职业技术学院学报,2018,19(1):22-25+56.

[29]黄睿.将党的十九大精神融入高校思政协同育人新格局构建[J].上海党史与党建,2018(1):50-52.

[30]谭晓玲.马克思主义理论研究和建设工程的实施研究[D].武汉:武汉大学,2017.